가자,
달팽이 과학관

가자, 달팽이 과학관

기획 윤구병 | **글** 보리
그림 강성주, 권혁도, 김미혜, 김시영, 김종도, 김천일, 문병두, 박소정, 박신영, 백남호, 손경희, 송인선, 신혜원, 안경자, 우승훈, 윤봉선, 윤종진, 이원우, 이제호, 이주용, 이태수, 이현영, 이형진, 장순일, 정태련, 천지현, 허현경, 홍수진

2012년 11월 1일 1판 1쇄 펴냄 | 2023년 7월 3일 1판 9쇄 펴냄
편집 김로미, 김용란 | **디자인** 김은미, 이안디자인 | **제작** 심준엽 | **영업마케팅** 나길훈, 양병희, 조진향
영업관리 안명선 | **새사업부** 조서연 | **경영지원실** 신종호, 임혜정, 한선희
분해와 인쇄 (주)로얄프로세스 | **제본** 과성제책

펴낸이 유문숙 | **펴낸 곳** (주)도서출판 보리 | **출판 등록** 1991년 8월 6일 제 9-279호
주소 (10881) 경기도 파주시 직지길 492 | **전화** 031-955-3535 | **전송** 031-950-9501
누리집 www.boribook.com | **전자우편** bori@boribook.com

ⓒ 보리기획, 2012
이 책의 내용을 쓰고자 할 때는 저작권자와 출판사의 허락을 받아야 합니다. 잘못된 책은 바꾸어 드립니다.
값 20,000원

보리는 나무 한 그루를 베어 낼 가치가 있는지 생각하며 책을 만듭니다.

ISBN 978-89-8428-774-7 77400

이 도서의 국립중앙도서관 출판예정도서목록(CIP)은 서지정보유통지원시스템 홈페이지(http://seoji.nl.go.kr)와
국가자료종합목록 구축시스템(http://kolis-net.nl.go.kr)에서 이용하실 수 있습니다.(CIP제어번호: CIP2012004858)

제품명 : 도서 제조자명 : (주) 도서출판 보리 주소 : (10881) 경기도 파주시 직지길 492 전화번호 : (031) 955-3535
제조년월 : 2023년 7월 제조국 : 대한민국 사용연령 : 5세 이상 주의사항 : 책의 모서리가 날카로우니 다치지 않게 주의하세요.
KC 마크는 이 제품이 공통안전기준에 적합하였음을 의미합니다.

가자,
달팽이 과학관

한눈에 살펴보는 자연과 생명 과학의 세계

윤구병 기획 | 보리 글 | 권혁도 외 그림

가자, 신비한 자연과 따뜻한 생명의 세계로!

아이를 가진 부모의 소망은 다 같습니다. '우리 아이가 행복하게 사는 것.' 그러려면 '스스로 제 앞가림을 할 수 있는 힘'과 '이웃과 더불어 사이좋게 살 수 있는 힘'을 길러 주어야 합니다.

과학 교육의 목적도 행복한 삶의 길을 열어 주는 데 있습니다. 우리 아이들이 자라는 시대는 생명 과학의 시대입니다. 물질과학의 성과만으로는 아이들이 행복하게 살아갈 수 없습니다. 인간의 시간과 자연의 시간이 하나가 되는 길, 일과 놀이, 과학과 환상, 이성과 감성을 하나로 잇는 길을 찾아내야 행복하게 살 수 있습니다.

우리 아이들이 '행복의 길', '생명의 시간'을 찾게 하자는 뜻을 담아 〈달팽이 과학 동화〉를 만들었습니다. 〈달팽이 과학동화〉는 자연과 생명의 세계에 대한 과학 정보들을 동화로 풀어낸 책입니다.

아이들이 동화에 담긴 내용을 더 깊이 있게 이해하도록 책마다 '심화 학습'란을 따로 마련하여 실었습니다. 동물, 식물, 환경, 사회, 성교육 같은 여러 분야에서 열심히 일해 오신 분들에게 꼼꼼한 도움말을 얻어 만들었습니다.

그리고 자연과 생명 세계를 한눈에 살펴볼 수 있도록 이 책을 엮었습니다.

과학 학습에서 가장 중요한 것은 무엇일까요?

바로 가까이 있는 것부터 익혀 가야 한다는 것입니다. 단순하게 과학 정보를 외우게 하지 않고 깊이 있는 과학 정신을 길러 주려면 아이들 손길과 눈길이 닿는 곳에 살고 있는 생명의 세계를 맨 먼저 보여 주어야 합니다. 이 책에는 우리 나라 들판과 산, 강과 바닷가에서 언제든지 만날 수 있는 동물과 식물의 모습이 들어 있습니다. 아이들은 산과 들에서 늘 만날 수 있는 풀과 나무, 짐승들을 보면서 따뜻한 감성과 생명에 대한 사랑을 키워 나갈 것입니다.

살아 있는 생명체를 있는 그대로 볼 수 있게 해 주는 것은 과학 교육의 기초입니다. 어려서부터 생명체가 온 모습 그대로 살아 있는 그림을 보여 주는 것이 필요합니다. 이 책에 담긴 세밀화는 털이 난 방향, 꽃잎이 난 자리 하나하나까지 꼼꼼히 살피고 그려서 아이들이 생명체에 대해 깊이 있게 들여다볼 수 있게 해 줍니다.

《가자, 달팽이 과학관》은 정확한 정보가 담겨 있을 뿐만 아니라 생명과 과학의 본질, 중요함을 일깨우고 건강한 감수성과 통찰력을 길러 줄 것입니다. 이 책이 우리 아이들에게 살아 숨 쉬는 과학 전체를 두루 살필 수 있는 좋은 길잡이가 되기를 바랍니다.

차례

가자, 신비한 자연과 따뜻한 생명의 세계로! ● 4

가자, 놀라운 곤충 세계

곤충은 어떻게 이야기를 나눌까요? | 곤충의 신호 ● 10
나비는 어떻게 깨어날까요? | 나비의 한살이 ● 14
어떤 벌레가 농사를 도와줄까요? | 이로운 곤충 ● 18
곤충들은 어떤 재주가 있을까요? | 곤충의 재주 ● 22
곤충은 어떻게 제 몸을 지킬까요? | 곤충의 자기 보호 ● 26
곤충은 어떻게 흉내를 낼까요? | 곤충의 보호색 ● 30
곤충은 무엇을 먹고 살까요? | 곤충의 먹이 ● 34
곤충은 어떻게 자손을 남길까요? | 곤충의 한살이 ● 38

가자, 신기한 식물 세계

벼농사는 어떻게 지을까요? | 벼농사 ● 44
보리는 어떻게 자라날까요? | 보리의 한살이 ● 48
콩으로 무엇을 만들까요? | 콩의 쓰임새 ● 52
우리는 어떤 채소를 먹을까요? | 몸에 좋은 채소 ● 56
우리는 어떤 과일을 먹을까요? | 맛있는 과일 ● 60
약초는 어떻게 쓰일까요? | 약이 되는 식물 ● 64
식물이 없으면 어떻게 될까요? | 식물이 하는 일 ● 68
뿌리와 줄기와 잎과 꽃은 어떤 일을 할까요? | 뿌리와 줄기와 잎과 꽃 ● 72
식물은 어떻게 운동을 할까요? | 식물의 운동 ● 76
식물은 어떻게 씨를 퍼뜨릴까요? | 식물의 번식 ● 80

가자, 재미있는 동물 세계

동물은 다 생김새가 달라요 | 동물의 생김새 ● 86
동물들은 왜 크기가 다를까요? | 동물의 크기 ● 90
동물들은 어떻게 겨울을 날까요? | 동물의 겨울잠 ● 94
동물은 어디에 알을 낳을까요? | 동물의 알 보호 ● 98
바닷속에는 무엇이 살까요? | 바다 깊이와 동물 ● 102
바다 동물은 어떻게 서로 도울까요? | 바다 동물의 공생 ● 106
집짐승은 어떤 일을 할까요? | 집짐승이 하는 일 ● 110
바다 동물들은 어떻게 제 몸을 지킬까요? | 바다 동물의 자기 보호 ● 114

동물은 어떻게 제 몸을 지킬까요? | 동물의 자기 보호 ● 118
올챙이가 어떻게 개구리로 자랄까요? | 개구리의 한살이 ● 122
거미는 어떻게 살아갈까요? | 거미의 생태 ● 126
동물은 어떻게 자손을 남길까요? | 알과 새끼 ● 130
동물은 무엇을 먹고 살까요? | 동물의 먹이 ● 134
들짐승은 어떤 발자국을 남길까요? | 들짐승 발자국 ● 138
동물들은 발이 어떻게 생겼을까요? | 동물의 발 ● 142
딱따구리는 어떻게 구멍을 팔까요? | 딱따구리의 생태 ● 146
우리 나라에 사는 철새와 텃새 | 철새와 텃새 ● 150

가자, 고마운 자연 세계

물은 어디에서 와서 어디로 갈까요? | 물의 순환 ● 156
지구는 언제 생겨났을까요? | 지구의 역사 ● 160
바람은 어떤 일을 할까요? | 바람이 하는 일 ● 164
먹이 사슬이란 무엇일까요? | 먹이 사슬 ● 168
아기는 어떻게 태어날까요? | 생명의 탄생 ● 172

가자, 신비한 감각 세계

우리는 살갗으로 무엇을 느낄까요? | 살갗과 느낌 ● 178
우리는 어떤 맛을 느낄까요? | 혀와 맛 ● 182
냄새로 무엇을 알아낼까요? | 코와 냄새 ● 186
소리가 없으면 어떻게 될까요? | 귀와 소리 ● 190
색깔이 없으면 어떻게 될까요? | 눈과 색깔 ● 194

가자, 더불어 사는 세상

배는 어떻게 발달했을까요? | 배의 역사 ● 200
왜 쓰레기가 늘어날까요? | 쓰레기 공해 ● 204
공해가 생기면 자연은 어떻게 될까요? | 공해 ● 208
왜 물이 점점 더러워질까요? | 물의 오염 ● 212
울타리는 어떻게 생겨났을까요? | 함께 사는 세상 ● 216

부록 초등 교과서에서 찾아보기 ● 220

가자, 놀라운 곤충 세계

이 세상에 곤충은 몇 마리나 살고 있을까요? 수천 마리? 수억 마리? 자그마치 동그라미가 20개쯤 붙은 숫자만큼 살고 있어요. 사는 곳도 산, 들, 바다, 집 안, 사람 몸까지 어디서나 살고 온 세계에 퍼져 살지요. 사람이 살 수 없는 메마른 사막에도, 높디높은 히말라야 눈 속에도, 뜨거운 온천에도, 꽁꽁 얼어붙은 남극에서도 살아요. 어떻게 그처럼 많은 곤충이 온 세상에 퍼져 살 수 있을까요?

곤충은 다른 동물에 견주어 몸집이 아주 작아요. 몸집이 작으니까 달아나기 쉽고, 좁은 곳에서도 살 수 있고, 먹이를 조금만 먹어도 되지요. 먹이에 따라 입 생김새도 알맞게 바뀌었어요. 또 몸집이 작은 것에 견주어 힘도 세고 빠른 데다가 저마다 살아남는 재주를 갖고 있지요. 무리를 늘리려고 서로 돕고 살기도 해요. 이처럼 곤충은 오랜 세월 어떤 환경에서도 살 수 있게 적응하고 진화해 왔습니다. 작지만 뛰어난 재주를 가진 곤충에 대해 알면 알수록 놀라게 될 거예요.

1 곤충의 신호 | 나랑 같이 놀자

곤충은 어떻게 이야기를 나눌까요?

사람들이 서로 말을 주고받는 것처럼 곤충들도 이야기를 나누어요.
짝을 부를 때나 먹이가 있는 곳을 알려 줄 때 서로 신호를 주고받는답니다.
다만 이야기를 나누는 방법이 사람과 다를 뿐이지요.

배추흰나비는 날개 색깔과 무늬를
보고 짝을 찾아요.

나비는 어떻게 짝을 알아볼까요?

나비는 날개 색깔이나 무늬를 보고 짝을 알아봐요. 나비는 자기 날개와 똑같은 색깔이나 무늬를 지닌 것하고만 짝짓기를 해요. 그래서 나비는 눈이 아주 좋아요. 여러 가지 색깔과 무늬가 있는 나비들 속에서 자기 짝을 알아볼 수 있어요.

또 같은 배추흰나비 가운데에서도 암컷과 수컷을 가려 낼 수 있어요. 나비의 눈은 작은 눈들이 모여서 이루어진 겹눈인데, 사람이 못 보는 자외선도 볼 수 있지요. 우리 눈에는 똑같이 하얀색으로 보이는 배추흰나비도 자외선 사진기로 찍어 보면 암컷과 수컷의 색깔이 서로 다르게 나타난답니다.

꿀벌은 엉덩이춤을 추어서 동무를 불러요.

꿀벌집

꿀벌

꿀벌은 꿀이 있는 곳을 동무에게 어떻게 알릴까요?

 꿀벌은 춤을 추어서 꿀이 있는 곳을 알려 주어요. 꿀을 찾아 내면 벌집으로 돌아가서 벌집 위를 이리저리 오가면서 춤을 춘답니다. 어느 쪽으로 얼마쯤 가면 맛있는 꿀과 꽃가루를 딸 수 있는지 여러 가지 춤을 추어서 알려요. 벌집과 가까운 곳에 꽃이 있으면 동그라미를 그리면서 돌고, 먼 곳에 꽃이 있으면 배를 흔들면서 오른쪽, 왼쪽으로 번갈아 가면서 8자를 그려요. 이 춤을 배춤이라고도 하고 엉덩이춤이라고도 해요. 다른 꿀벌들은 동무가 가르쳐 주는 곳으로 꿀을 따러 가요.

개미는 어떻게 동무를 부를까요?

개미는 냄새를 피워 동무를 불러요. 개미는 배 끝과 큰턱 밑에 침샘이 있어요. 먹이를 찾거나 적이 나타나면 침샘에서 침을 흘려 보내요. 그러면 침 냄새를 맡고 동무들이 따라오지요. 개미는 햇빛이 안 드는 땅속이나 나무 속에 집을 짓고 살아요. 그래서 눈이 어두운 대신에 냄새를 맡는 더듬이가 잘 발달해 있어요. 냄새만 맡고도 얼마든지 동무를 찾아내고, 앞서 가는 동무도 안 놓치고 따라가지요. 여럿이 모이면 서로 힘을 모아서 먹이를 끌고 가요.

개미들은 냄새를 피워 동무를 불러요.

곰개미

여치는 어떻게 짝을 부를까요?

여치는 날개를 비벼서 소리를 내어 짝을 불러요. 여치는 색깔이나 생김새가 풀잎과 비슷해서 눈에 잘 안 띄어요. 그래서 수컷은 자기가 있는 곳을 알려 주려고 날개를 비벼 소리를 내지요. 다른 수컷에게 가까이 오지 말라고 텃세를 부릴 때도 소리를 냅니다. 오른쪽 앞날개와 왼쪽 앞날개를 비벼서 '칫찌르르' 하고 소리를 내지요. 오른쪽 앞날개에는 넓은 울림판이 있어서 소리가 더 커져요. 암컷은 이 소리를 듣고 수컷을 찾아와요. 소리가 클수록 암컷이 잘 찾아와요.

여치는 날개를 비벼서 소리를 내어 짝을 불러요.

반딧불이는 어떻게 짝을 찾을까요?

반딧불이는 꽁무니에서 빛을 내어 짝을 불러요. 깜깜한 밤중에 여러 마리가 불빛을 깜박이면서 날아다니지요. 늦반딧불이는 깜박이지 않고 줄곧 빛을 내요. 늦반딧불이 암컷은 날개가 없어서 날 수가 없어요. 그래서 수컷이 빛을 내면서 날아다니면 암컷이 풀 위로 나와서 빛을 내어 대답을 해요. 서로 신호가 통하면 수컷이 암컷에게 날아가서 짝짓기를 한답니다.

반딧불이는 꽁무니에서 빛을 내요.

반딧불이

매미가 내는 소리

매미도 울음소리로 서로 이야기를 해요. 매미는 모두 다 '맴맴' 하고 운다고 생각하지만 잘 들어 보면 울음소리가 다 달라요.

유지매미는 '지글지글' 하면서 울어요. 기름 끓는 소리 같다고 기름매미라고도 하지요.

털매미는 '찌이이이' 하고 울어요. 옛날에는 울음소리가 '씨이이잉' 하고 들린다고 씽씽매미라고 했어요.

말매미는 울음소리가 크고 우렁차요. '차르르르르' 하고 길게 울어요.

나비는 어떻게 깨어날까요?

나비처럼 애벌레가 번데기가 되었다가 어른벌레가 되는 것을 탈바꿈을 한다고 해요. 곤충들이 왜 탈바꿈을 하는지는 잘 몰라요. 하지만 알이나 번데기는 춥고 먹을 것이 없어도 겨울을 거뜬히 날 수 있어요. 곤충이 탈바꿈을 하는 것도 살아남기 위한 방법이지요.

작은주홍부전나비

네발나비

노랑나비

봄 나비 여름 나비

    나비는 한 해에 두세 번 나와요. 봄에는 4~5월에 나타나고 여름에는 6~10월 사이에 한두 번 나타나요. 봄에 나오는 나비는 여름에 나오는 것보다 몸집이 작고, 날개 빛깔은 산뜻하고 또렷해요. 애벌레가 허물을 벗고 나비가 되면 여러 가지 꽃에서 꿀을 먹어요. 앞다리로 맛을 보고 빨대같이 생긴 입으로 꿀을 빨아 먹어요.

산호랑나비

배추흰나비

호랑나비의 한살이

호랑나비 애벌레는 귤나무나 탱자나무 잎처럼 쓰고 냄새가 강한 나뭇잎을 갉아 먹어요. 그래서 호랑나비는 애벌레가 쉽게 먹이를 찾을 수 있도록 귤나무나 탱자나무를 찾아서 알을 낳아요. 알을 낳고 일 주일쯤 지나면 애벌레가 깨어나요. 애벌레는 네 번 허물을 벗고 난 뒤에 번데기가 되어요. 여름에 낳은 알에서 깬 애벌레는 번데기로 겨울을 나고 봄에 나비가 되지요. 나비가 되면 바로 짝짓기를 해서 알을 낳아요.

❶ **호랑나비가 알을 낳았어요**
노랗고 동그란 알이에요.
지름이 1~2mm쯤 되지요.

❷ **애벌레가 깨어났어요**
먹갈색 애벌레예요. 몸에는 까슬까슬한 털이 있어요. 애벌레는 나뭇잎을 갉아 먹으면서 점점 크게 자라지요.

❸ **허물을 한 번 벗었어요**
먹갈색 몸에 흰 띠를 둘렀어요. 꼭 새똥 같지요. 애벌레는 몸집이 커지면 허물을 벗어요. 몸은 자라도 허물은 안 자라니까요.

❹ **허물을 네 번 벗었어요**
몸집도 커지고 뿔도 생겼어요. 허물을 네 번 벗고 나면 더 안 자라지요.

호랑나비 애벌레의 자기 보호

다 자란 호랑나비 애벌레는 고약한 냄새가 나는 뿔이 있어요. 머리 뒤에 숨기고 있다가 다른 곤충이 잡아먹으려고 하면 내밀지요. 뿔은 주황색이고 냄새가 아주 구려요. 애벌레가 잘 먹는 탱자나무나 귤나무 잎은 진한 냄새가 나는데 이 냄새를 몸에 모아 두었다가 위험할 때 뿜는 거예요. 등에 있는 뱀눈 같은 무늬를 크게 해서 겁을 주기도 해요.

❺ 번데기가 되었어요
다 자란 애벌레는 먹지도 않고 움직이지도 않고 나뭇가지에 매달려서 번데기가 되어요. 죽은 듯이 보이지만 고치 속에서 나비가 될 준비를 해요.

❻ 호랑나비가 되었어요
번데기에서 갓 나온 나비는 나뭇가지에 다리를 붙이고 천천히 날개를 펴요. 활짝 날개를 펼치면 예쁜 호랑나비가 된답니다.

❼ 야, 호랑나비다!
호랑나비는 빛깔과 무늬가 고와요. 어른벌레가 되면 날아다니면서 꽃에서 꿀을 먹고 살지요.

3 이로운 곤충 | 벌레들아 도와줘

어떤 벌레가 농사를 도와줄까요?

농사를 도와주는 고마운 벌레가 있어요. 무당벌레는 진딧물을 잡아먹어요.
늑대거미는 벼멸구를 잡아먹어요. 사마귀는 채소 잎을 갉아 먹는 벌레를 잡아먹어요.
또 어떤 벌레들이 농사를 도와줄까요?

벼멸구를 잡아먹는 늑대거미

멸구는 벼에 붙어서 즙을 빨아 먹기도 하고 여러 가지 병을 옮기기도 해요. 우리 나라처럼 벼농사를 많이 짓는 곳에서는 멸구 때문에 큰 피해를 입지요. 농약에도 아주 강해서 해마다 농부들은 멸구를 없애느라고 고생을 많이 한답니다. 그런 멸구를 잡아먹는 벌레가 있어요. 바로 늑대거미예요. 늑대거미는 논에서 사는데 땅바닥을 기어 다니거나 물 위를 돌아다니면서 멸구를 잡아먹어요.

배추벌레를 잡아먹는 배추벌레고치벌

배추벌레는 배추흰나비의 애벌레예요. 배춧잎이나 무잎을 갉아 먹어요. 이 배추벌레를 먹고 사는 곤충이 있어요. 배추벌레고치벌의 애벌레들이지요. 배추벌레고치벌은 배추벌레 몸 속에다 알을 낳아요. 애벌레들이 알에서 깨어나면 배추벌레를 먹으면서 자라요.

진딧물을 잡아먹는 무당벌레

진딧물은 곡식이나 채소의 즙을 빨아 먹고 살아요. 이 진딧물을 무당벌레가 잡아먹어요. 무당벌레는 진딧물을 껍질만 남기고 다 먹어 버려요. 무당벌레는 애벌레 때부터 진딧물을 먹고 살지요. 칠성무당벌레는 애벌레로 2주쯤 사는데 진딧물을 400~700마리나 잡아먹는답니다.

모기를 잡아먹는 잠자리

잠자리는 사람에게 나쁜 병을 옮기는 모기와 파리를 잡아먹어요. 애벌레 때는 물 속에서 모기 애벌레를 잡아먹고 살아요. 그러다가 어른벌레가 되면 아주 빠르게 날아다니면서 모기나 파리 같은 벌레를 많이 잡아먹어요. 잠자리는 눈이 좋아서 날아다니는 곤충도 쉽게 잡을 수 있지요.

먹줄왕잠자리

모기는 사람이나 짐승의 피를 빨고 병을 옮겨요.

파리는 몸에 균이 붙은 채로 음식에 앉아서 병을 옮겨요.

이십팔점박이무당벌레를 잡아먹는 사마귀

사마귀는 나뭇잎이나 채소 잎을 갉아 먹는 해충을 잡아먹어요. 배추에 붙어서 잎을 갉아 먹는 배추벌레도 먹고, 가지나 감자의 잎을 갉아 먹는 이십팔점박이무당벌레도 잡아먹지요. 사마귀는 낫같이 생긴 앞발로 잽싸게 벌레를 잡아요. 한번 잡은 벌레는 좀처럼 안 놓치지요.

노린재는 곡식이나 덜 여문 콩에서 즙을 빨아 먹어요.

왕사마귀

배추벌레는 배추뿐만 아니라 무나 양배추 잎도 갉아 먹어요.

농사를 도와주는 벌레들

사람들은 해충을 없애려고 농약을 만들어요. 그런데 농약을 친 곡식이나 과일은 사람들의 건강을 크게 해치지요. 농약이 개울에 흘러나오면 물도 더러워지고 물 속에서 사는 생물도 못 살게 돼요. 농약에 약한 늑대거미가 다 죽어 버려서 멸구의 수가 늘어나기도 해요. 그래서 요즘에는 농약을 안 치고 곤충의 힘을 빌려서 해충을 없애는 방법을 많이 연구하고 있답니다.

4 곤충의 재주 | 야 잘 한다

곤충들은 어떤 재주가 있을까요?

곤충은 저마다 살아가는 데 필요한 재주를 가지고 있어요. 물 위를 걸어 다니는 곤충은 무엇일까요? 제 몸보다 백 배나 높이 뛸 수 있는 곤충은 무엇일까요? 또 자기 몸무게의 쉰 배가 넘는 무거운 먹이를 나를 수 있는 곤충은 무엇일까요?

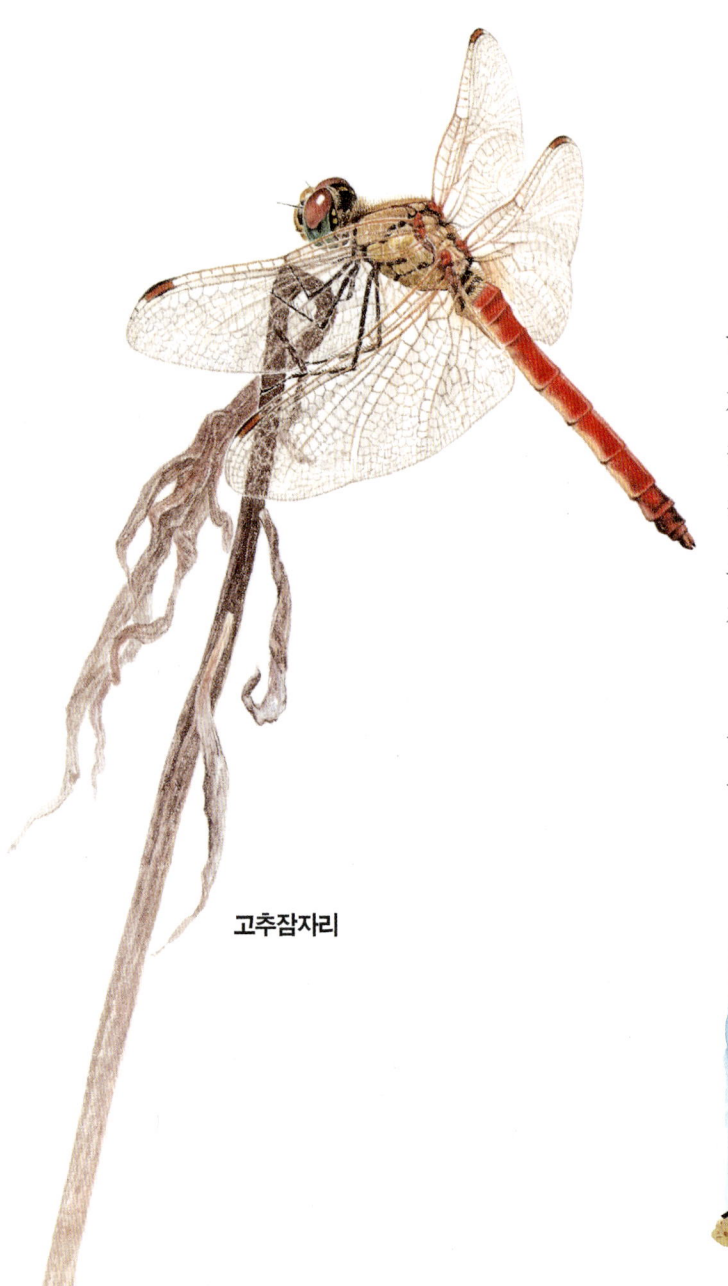

고추잠자리

잠자리는 아주 빠른 비행사예요

잠자리는 곤충들 가운데 가장 빠르게 날아다녀요. 한 시간에 40킬로미터를 날아가요. 자동차가 보통 한 시간에 60킬로미터를 달리니까 잠자리가 얼마나 빨리 나는지 알 수 있어요. 이처럼 빨리 날 수 있는 까닭은 날개가 아주 얇고 투명한 막으로 되어 있기 때문이에요. 또 몸뚱이가 가늘고 길어서 공기의 저항을 크게 안 받는답니다.

잠자리는 빨리 날기도 하지만 멀리 날기도 해요. 서울에서 부산까지도 거뜬히 날아가지요. 넓은 바다를 건너기도 한답니다.

쇠똥구리는 먹보예요

쇠똥구리는 똥을 먹고 살아요. 쇠똥이나 염소 똥이나 말똥은 쇠똥구리가 아주 좋아하는 먹이랍니다. 쇠똥구리는 한 자리에서 12시간 동안이나 먹어 대지요. 쇠똥구리는 똥을 먹으면서 줄곧 똥을 누어요. 쇠똥구리가 눈 똥을 다 모으면 자기 몸뚱이만 하답니다. 사람은 똥을 자기 몸뚱이만큼 눌 수 있을까요?

쇠똥구리

소금쟁이는 물 위를 걸어 다녀요

소금쟁이는 물 위로 매끄럽게 미끄러지기도 하고 튀어올랐다가 사뿐히 물 위에 내려앉을 수도 있어요. 소금쟁이는 어떻게 물 위를 걸어 다닐까요? 소금쟁이는 몸이 아주 가볍고 다리도 길고 가늘어요. 게다가 다리 끝에 난 털에는 기름이 듬뿍 묻어 있어요. 그래서 물에 빠지지 않고 물 위에서 마음대로 걸어 다니지요.

소금쟁이

벼룩은 높이뛰기 선수예요

벼룩은 톡톡 튀어오르는 재주가 있어요. 벼룩은 제 몸보다 백 배나 높이 튀어오를 수 있지요. 사람은 아무리 잘 뛰는 높이뛰기 선수라도 제 키의 두배도 못 뛴답니다. 벼룩은 뒷다리가 튼튼해서 높이 튀어오를 수 있어요. 게다가 몸이 단단해서 아주 높이 뛰었다가 떨어져도 끄떡없어요.

벼룩

벌의 날개는 선풍기예요

벌은 바람을 일으킬 만큼 빠르게 날갯짓을 할 수 있어요. 그래서 날씨가 더워지면 다 같이 벌집 앞에 모여서 날갯짓을 해요. 여러 마리가 한꺼번에 날갯짓을 하면 벌집이 시원해져요.

벌

개미는 기운 센 장사예요

조그마한 개미가 제 몸의 몇 배나 되는 과자 부스러기를 끌고 가는 걸 본 적이 있나요? 그런데 과자 부스러기쯤은 아무것도 아니에요. 개미는 제 몸무게의 쉰 배가 넘는 무거운 먹이도 나를 수 있어요. 사람은 아무리 힘이 센 장사라도 자기 몸무게의 두배가 넘는 것은 들기 어렵답니다. 그러니 개미가 얼마나 힘이 센지 알 수 있지요.

개미

사마귀는 머리를 마음대로 움직여요

사마귀는 몸을 안 움직이고도 고개를 돌릴 수 있어요. 다른 동물들은 몸을 돌려서 옆을 보는데 사마귀는 머리만 옆으로 뱅글 돌려서 먹이를 찾아내요. 게다가 앞다리는 길고 낫처럼 구부러져서 벌레를 잡기도 좋아요. 풀 사이에 숨어 있다가 먹이가 나타나면 앞다리를 뻗어 재빠르게 낚아채지요. 그래서 곤충들은 사마귀를 아주 무서워한답니다.

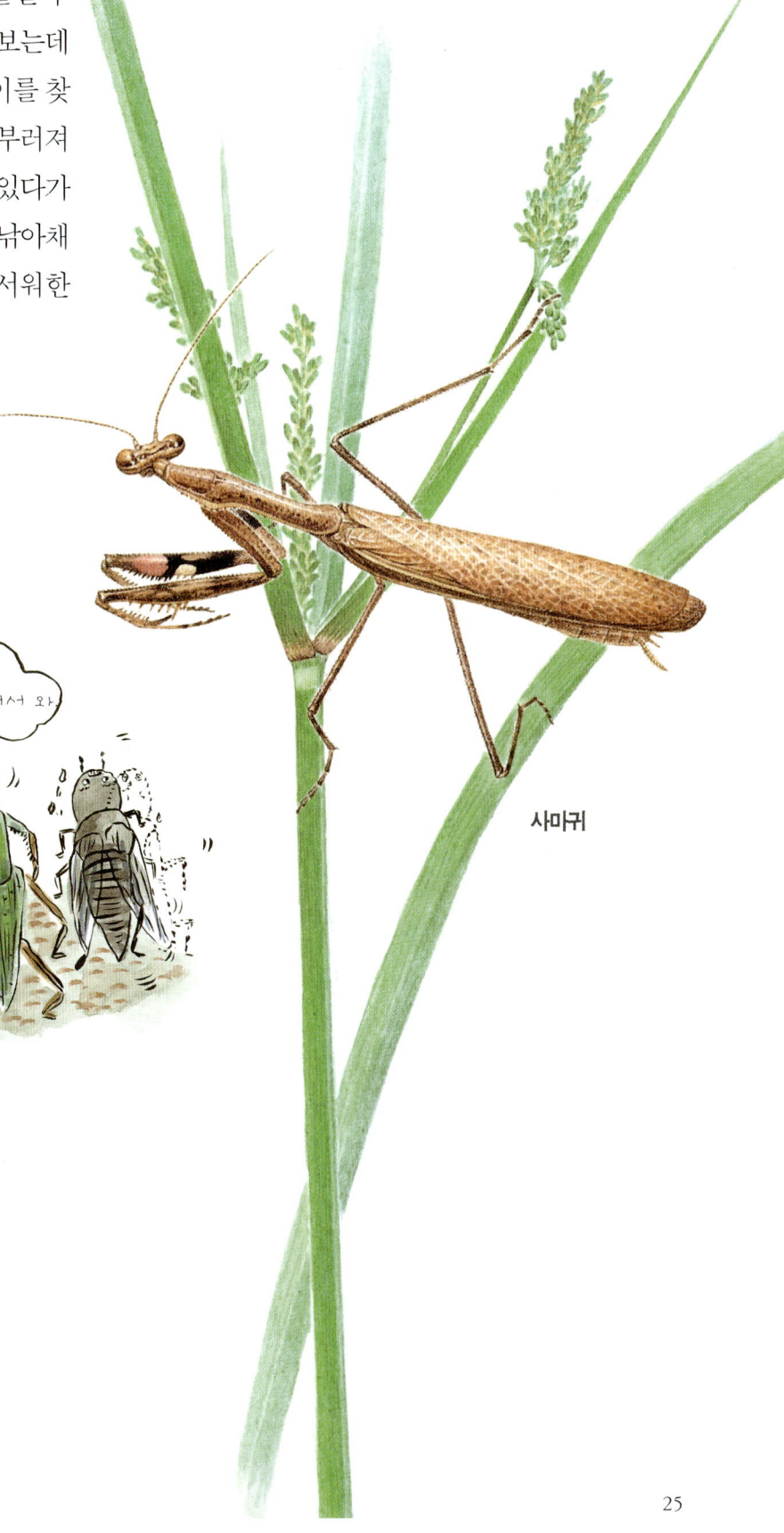

사마귀

곤충은 어떻게 제 몸을 지킬까요?

곤충 곁에는 새나 개구리나 뱀 같은 적이 많아요. 그래서 곤충들은 제 몸을 지키려고 돌 틈이나 나무 그늘에 숨기도 하고, 몸 색깔을 바꾸기도 하고, 다른 동물을 흉내 내기도 해요. 또 가짜 눈을 내밀거나 냄새를 풍기고 달아나기도 하지요.

사마귀는 풀잎과 색깔이 같아요

사마귀는 다른 곤충을 잡아먹고 살아요. 하지만 사마귀에게도 새나 개구리 같은 무서운 적이 있지요. 사마귀는 몸 색깔이 풀잎 색깔과 비슷해서 가만히 있으면 눈에 잘 안 띄어요. 위험이 닥치면 풀에다 몸을 딱 붙이고 꼼짝도 안 하지요.

올빼미나비는 올빼미 흉내를 내요

곤충들 가운데에는 다른 동물 흉내를 내서 적의 눈을 속이는 것도 있어요. 올빼미나비 날개에는 올빼미 눈처럼 생긴 무늬가 있어요. 새가 덮치려고 하면 날개를 활짝 펼쳐서 가짜 눈을 들이대요. 새가 올빼미인 줄 알고 놀라서 주춤거리는 사이에 올빼미나비는 재빨리 달아나지요.

나비 애벌레

송충이

벌은 독침을 쏘아요

벌은 다른 동물이 건드리면 독침을 쏘아요. 그래서 벌에 한번 쏘였던 새나 곤충들은 벌하고 닮은 곤충만 봐도 슬슬 피한답니다. 말벌은 벌 가운데에서 가장 힘이 세고 사나워요. 한 마리가 여러 번 침을 쏠 수 있어요. 땅벌은 벌집을 밟거나 건드리면 떼로 덤벼서 쏘아요.

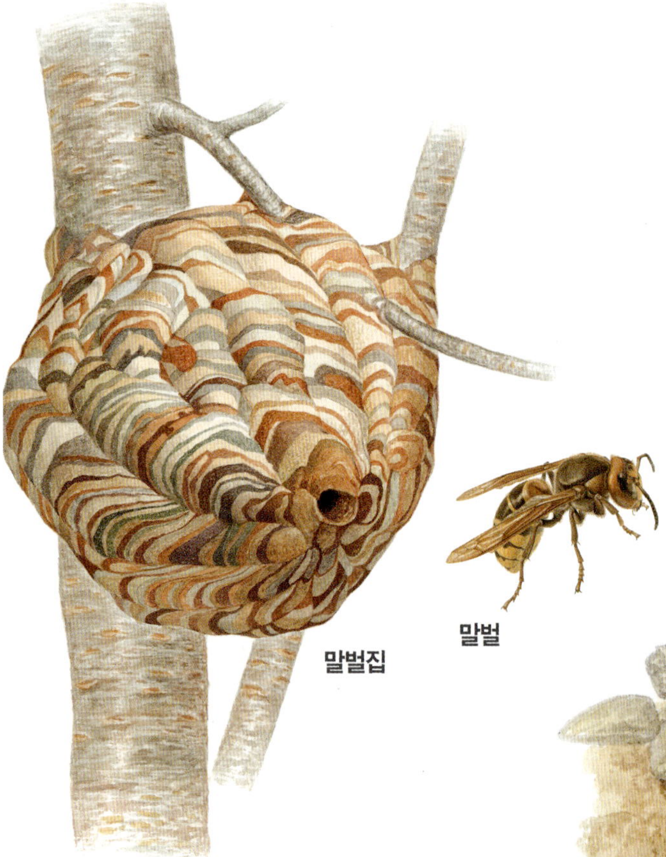

말벌집 말벌

땅벌 땅벌집

집게벌레는 큰 집게로 겁을 주어요

집게벌레는 배 끝에 긴 집게가 달려 있어요. 집게 끝은 날카롭고 뾰족해요. 적이 덤비면 집게를 위로 들어올려서 겁을 주지요. 또 냄새로 몸을 지키기도 해요. 사람이 손으로 잡으면 시큼하고 고약한 냄새를 풍겨요.

고마로브집게벌레

칠성무당벌레

무당벌레는 고약한 냄새를 풍겨요

무당벌레는 위험이 닥치면 고약한 냄새와 쓴맛이 나는 노란 즙을 내뿜어요. 무당벌레한테 한 번 혼이 난 동물은 가까이 가려고 하지 않아요. 그래서 무당벌레는 빨간 날개 색을 뽐내면서 가까이 오지 말라고 경고를 하지요.

배추흰나비 애벌레

나비 애벌레는 풀잎과 색깔이 같아요

곤충들은 위험을 느끼면 먼저 숨으려고 해요. 나비 애벌레는 풀잎이나 나뭇잎 색깔을 띠고 있어요. 풀잎에 가만히 엎드려 기어다니면 눈에 잘 안 띈답니다. 애벌레들은 몸이 굼뜬 대신에 색깔로 제 몸을 지키지요.

매미나방 애벌레

송충이 털에는 독이 있어요

송충이는 솔나방의 애벌레예요. 송충이와 매미나방 애벌레의 가시 같은 털에는 독이 있어요. 그래서 송충이 털에 쏘이면 살갗이 빨갛게 부풀어 오르고 쓰라려요. 또 매미나방은 애벌레나 어른벌레나 독이 있어서 만지면 피부병이 생길 수 있어요.

6 곤충의 보호색 | 꼭꼭 숨어라

곤충은 어떻게 흉내를 낼까요?

풀숲은 조용한 듯하지만 쫓고 쫓기는 곤충들로 언제나 북적거려요. 힘이 약한 곤충들은 나뭇가지나 다른 동물인 체하며 적의 눈을 피하지요. 곤충은 어떻게 흉내를 내어 제 몸을 지킬까요?

곤충들은 왜 흉내를 낼까요?

움직임이 느린 곤충들은 적이 나타나도 빨리 달아나지 못해요. 또 힘이 약하고 독침 같은 무기가 없는 곤충들은 맞서서 싸우지도 못해요. 그래서 다른 동물 흉내를 내거나 둘레에 있는 나뭇가지인 체하며 적의 눈을 피하지요. 곤충들에게 이런 재주마저 없으면 다른 동물들에게 다 잡아먹히고 말겠지요.

방아깨비는 색깔도 풀빛이고 생김새도 풀과 비슷해요.

꽃등에는 벌 흉내를 내서 제 몸을 지켜요.
벌은 독침이 있어서 새들이 싫어하니까요.

대벌레는 나뭇가지 흉내를 내요. 기울기나 자세까지도 나뭇가지와 똑같아서 꼭 잔가지가 나온 것처럼 보이지요.

자벌레는 나뭇가지처럼 생겼어요. 나무에 붙어서 몸을 곧추세우면 꼭 나뭇가지가 뻗어 나온 것 같아요.

나뭇잎나비는 날개를 접으면 꼭 마른 나뭇잎같이 보여요. 새가 달려들면 날개를 접고 가만히 있지요.

베짱이는 방아깨비처럼 몸 색깔이 풀 색깔과 같아요. 풀숲에 있으면 눈에 잘 안 띄지요.

뿔나비는 나뭇가지 색과 비슷해요

 뿔나비는 주둥이 아래가 몹시 튀어나와서 긴 뿔이 난 것처럼 보인다고 해서 붙인 이름이에요. 넓은잎나무가 우거진 골짜기에 모여 살아요. 뿔나비는 어른벌레로 겨울을 나요. 양지바른 덤불에서 겨울잠을 자고 봄이면 깨어나 날아다니지요. 그래서 날개 색도 겨울에 앙상한 나뭇가지 색과 비슷해요.

뿔나비

섬서구메뚜기는 풀잎 같아요

 섬서구메뚜기는 풀밭이나 논밭에서 살아요. 몸 색깔이 풀빛이고 날개도 풀잎의 잎맥처럼 생겨서 언뜻 보면 풀잎처럼 보이지요. 몸 색깔이 풀색인 것도 있지만 마른 잎처럼 밤색인 것도 있어요. 제 몸을 지키는 보호색이에요.

섬서구메뚜기

두꺼비메뚜기는 얼룩덜룩 흙빛이에요

두꺼비메뚜기는 메마르고 더운 곳을 좋아해요. 햇볕이 뜨겁게 내리쬐는 한낮에 길가를 풀쩍풀쩍 뛰어다니지요. 몸이 얼룩덜룩한 흙빛이라서 땅바닥에 있으면 잘 안 보여요. 먹이를 먹을 때만 풀숲에 들어가고 다른 때는 자기 몸 색깔과 비슷한 땅에 있어요.

두꺼비메뚜기

날도래 애벌레는 나뭇잎으로 집을 꾸며요

날도래 애벌레는 물고기에게 안 잡아먹히려고 집 속에 몸을 숨기고 다녀요. 입에서 거미줄처럼 끈적끈적한 실을 토해서 물속에 있는 모래나 나뭇잎을 붙여서 집을 만들지요. 머리와 가슴만 밖으로 내밀고 물속을 느릿느릿 기어 다녀요.

날도래 애벌레

얼룩대장노린재

얼룩대장노린재는 나무 껍질 색과 같아요

얼룩대장노린재는 나무가 많은 숲 속에서 살아요. 몸 색깔이 밤색에다 잿빛과 흰색 무늬가 얼룩덜룩하게 퍼져 있어서 나무 껍질 같아요. 몸이 무거워서 잘 날지도 않고 나무 줄기에 붙어 있으면 눈에 잘 안 띄어요.

7 곤충의 먹이 | 이것 좀 먹어 봐

곤충은 무엇을 먹고 살까요?

곤충들은 먹는 것이 다 달라요. 달콤한 꿀이나 과일즙을 좋아하는 곤충이 있고 동물 피를 빨아 먹는 곤충도 있어요. 개미는 무엇을 먹고 살까요?
또 잠자리나 풍이는 어떤 먹이를 좋아할까요?

곤충은 왜 입 모양이 서로 다를까요?

곤충은 오랫동안 환경에 맞춰서 살아왔어요. 새로운 먹이를 찾아내면서 먹이에 따라 입 모양도 바뀌어 왔지요. 풀이나 나뭇잎을 먹고 사는 여치나 메뚜기는 입이 먹이를 갉아 먹기 좋게 생겼어요. 턱도 튼튼하지요. 꽃이나 과일즙을 빨아 먹는 나비는 입이 대롱처럼 생겼어요.

개미
이것저것 가리지 않고 먹어요. 그 가운데에서도 단물을 가장 좋아해요. 진딧물 꽁무니에서 나오는 단물을 얻어먹지요.

귀뚜라미
풀을 먹고 살아요. 썩은 풀도 좋아하고 죽은 벌레도 먹지요.

여치
풀을 먹고 살아요. 여치 무리는 머리가 둥글고 커요. 턱도 아주 크고 튼튼해요.

사슴벌레
참나무에서 나는 진을 먹고 살아요. 과일에서 나는 단물을 핥아 먹기도 해요. 혀가 솔처럼 생겨서 핥아 먹기 좋아요.

잠자리
파리나 모기 같은 곤충을 잡아먹고 살아요. 눈도 아주 좋아서 날아다니는 벌레도 잘 찾아내지요. 또 턱이 단단해서 먹이를 잘 씹을 수 있어요.

풍이
나뭇진을 좋아해요. 나뭇진은 나무에 난 상처에서 흘러나오지요.

꿀벌
입이 뾰족하고 혀가 있어서 꿀을 잘 빨아요. 꿀주머니에 꿀이 차면 벌집으로 돌아와서 꿀을 토해 내지요.

물에 사는 곤충들은 무엇을 먹고 살까요?

물에 사는 곤충도 사는 곳이나 생김새에 따라서 먹이가 달라요. 물풀이나 썩은 나뭇잎을 먹고 사는 것도 있고 작은 물고기나 다른 벌레를 잡아먹고 사는 곤충도 있어요. 또 이것저것 가리지 않고 먹는 곤충도 있어요. 장구애비나 물장군은 벌레나 작은 동물의 즙을 빨아 먹어요. 물방개는 큰 턱으로 물고기나 죽은 벌레를 뜯어 먹지요.

소금쟁이
물에 떨어지는 작은 벌레를 잡아서 즙을 빨아 먹어요.

장구애비
앞다리가 낫처럼 생겼고 가시가 나 있어서 살아 있는 물벌레나 어린 물고기를 잘 잡아요.

물방개
다른 벌레나 물고기나 달팽이를 잡아먹어요. 죽은 물고기나 개구리도 먹어서 물속 청소부라고 부르지요.

8 곤충의 한살이 | 다시 살아난 찌르

곤충은 어떻게 자손을 남길까요?

곤충은 어른벌레가 되면 얼마 못 살아요. 그래서 짝짓기를 해서 알을 낳으려고 서두르지요. 거의 모든 곤충은 짝짓기를 마치고 알을 낳으면 죽어요. 매미는 어떻게 자손을 남길까요? 다른 곤충들은 어떻게 자손을 남길까요?

왕개미
수개미와 여왕개미가 하늘로 날아올라서 짝짓기를 해요. 여왕개미는 짝짓기를 마치면 날개를 떼어 버리고 알을 낳아요.

나비
날개를 펴고 부지런히 짝을 찾아 날아다녀요. 수컷은 암컷의 날개 무늬를 보고 다가와서 짝짓기를 해요.

곤충의 짝짓기와 알 낳기

　곤충은 사는 곳도 넓고 가짓수도 많아서 짝짓기를 하고 알을 낳는 법이 다 달라요. 매미는 여섯 해 동안이나 캄캄한 땅속에서 살다가 어른벌레가 되면 보름 남짓 살다가 죽어요. 그래서 수매미는 짝을 찾아서 힘차게 울어요. 암매미는 울음소리를 듣고 다가가서 짝짓기를 하지요. 왕개미는 하늘로 날아올라서 짝짓기를 해요. 여왕개미 한 마리와 날개 달린 수많은 수개미들이 한꺼번에 하늘로 날아올라요. 날아오른 수개미 가운데 가장 힘세고 빠른 수개미 한 마리만 여왕개미와 짝짓기를 하지요. 나머지는 다 떨어져 죽는답니다. 곤충마다 낳는 알의 수도 달라요. 애호랑나비는 많아야 15개쯤 낳는데 하루살이는 600개가 넘는 알을 낳아요. 애벌레가 먹을 먹이나 온도에 따라서도 숫자가 달라져요. 이렇게 자손을 남기는 법은 저마다 다르지만 알이 잘 자랄 수 있도록 애쓰는 것은 똑같지요.

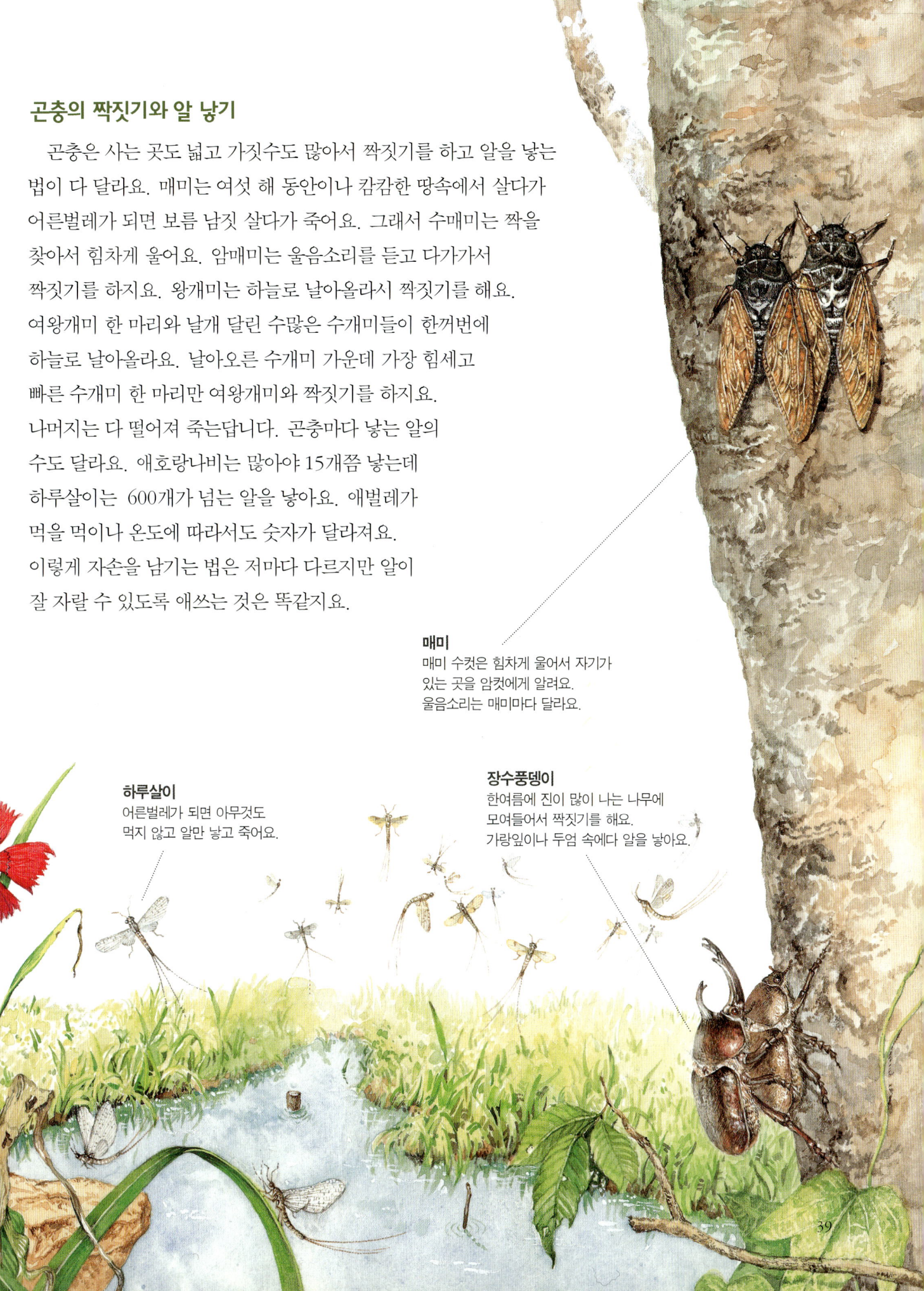

매미
매미 수컷은 힘차게 울어서 자기가 있는 곳을 암컷에게 알려요. 울음소리는 매미마다 달라요.

하루살이
어른벌레가 되면 아무것도 먹지 않고 알만 낳고 죽어요.

장수풍뎅이
한여름에 진이 많이 나는 나무에 모여들어서 짝짓기를 해요. 가랑잎이나 두엄 속에다 알을 낳아요.

곤충의 한살이

곤충의 한살이는 알에서 시작해서 애벌레와 번데기를 거쳐 어른벌레로 끝나요. 이렇게 네 단계를 거치는 것을 갖춘탈바꿈이라고 하고, 애벌레에서 바로 어른벌레가 되는 것을 안갖춘탈바꿈이라고 해요.

갖춘탈바꿈

나비나 무당벌레나 파리나 벌은 갖춘탈바꿈을 해요.

무당벌레알
무당벌레 암컷은 진딧물이 많은 곳에 알을 낳아요. 한 자리에 30~40개를 낳아요.

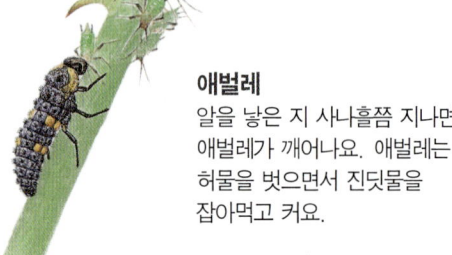

애벌레
알을 낳은 지 사나흘쯤 지나면 애벌레가 깨어나요. 애벌레는 허물을 벗으면서 진딧물을 잡아먹고 커요.

무당벌레 한살이

어른벌레
번데기로 일주일쯤 지나면 어른벌레가 되어요. 한살이 가운데 가장 아름다운 모습을 뽐내면서 짝을 불러요.

번데기
두 주쯤 지나면 번데기가 되어요. 번데기 때는 아무것도 안 먹고 움직이지도 못하니까 안전한 곳을 잘 골라서 자리를 잡아요.

> 안갖춘탈바꿈

하루살이나 잠자리나 실베짱이는 안갖춘탈바꿈을 해요.

곤충은 겨울을 어떻게 날까요?

곤충들이 겨울을 나는 곳이나 겨울을 나는 방법은 다 달라요.
어른벌레로 겨울을 나는 곤충도 있고 알이나 번데기로
겨울을 나는 것도 있어요.

가자, 신기한 식물 세계

우리 둘레에는 식물이 참 많아요. 식물은 맑은 공기를 만들어 주고, 사람과 동물한테 귀한 먹을거리가 되지요. 우리가 입는 옷과 사는 집, 집 안에 있는 가구들과 재미있게 읽는 책도 모두 식물로 만든 거예요.

　뿐만 아니라 식물은 생태계에서 매우 중요한 구실을 해요. 만약에 식물이 없다면 사람과 동물, 모두 살 수 없어요. 산과 들에 사는 짐승들 가운데 식물을 먹고 사는 초식 동물들이 있어요. 식물이 없으면 초식 동물들이 살 수가 없겠지요. 초식 동물들이 사라지면 초식 동물을 먹고 사는 육식 동물들도 사라지게 될 거예요. 바닷물고기는 괜찮지 않겠느냐고요? 바닷속에 사는 물고기들 가운데에도 물속 풀을 먹고 사는 것들이 많아요. 풀을 먹는 물고기들이 사라지면 그 물고기를 잡아먹는 큰 물고기들까지 모두 살 수가 없어요. 이와 같이 식물은 생태계를 이루는 먹이 사슬에서 아주 중요한 몫을 한답니다.

9 벼농사 | 모두가 기른 벼

벼농사는 어떻게 지을까요?

벼는 우리가 가장 많이 먹는 곡식이에요. 벼농사를 지으려면 힘이 무척 많이 들어요.
그래서 사람 손이 여든여덟 번 가야 벼가 익는다는 옛말도 있어요.
벼농사는 어떻게 지을까요? 벼는 어떻게 자라날까요?

볍씨를 골라내요

벼농사는 볍씨를 고르는 일부터 시작해요. 농부들은 소금물에 볍씨를 담그고 손으로 저어서 물 위로 뜨는 것은 버리고 가라앉은 볍씨만 건져 내요. 잘 여물고 알이 찬 씨앗만 골라내는 거예요. 이렇게 골라낸 볍씨를 못자리에 뿌려요. 어린 모는 40일이 넘도록 못자리에서 자라요.

❶ 봄이 왔어요. 잘 여물고 알이 찬 볍씨를 골라서 못자리에 뿌려요.

오월이 되면 모내기를 해요

옛날에는 볍씨를 논에다 직접 뿌렸어요. 그런데 농사법이 발달해서 모내기를 하기 시작했어요. 볍씨를 논에다 그냥 뿌리지 않고, 힘들여서 모내기를 하는 데는 다 까닭이 있답니다. 모내기를 하면 잡초도 덜 생기고 포기 수가 늘어나서 나중에 이삭을 많이 맺는답니다. 모내기를 할 때 너무 깊이 심으면 뿌리가 썩고, 너무 얕게 심으면 모가 물에 뜨기 때문에 알맞게 심어야 해요. 요즘은 일손이 모자라서 기계로 모를 심는 곳이 많아요.

❷ 모내기 준비를 해요. 모내기를 하면 벼의 포기 수가 늘어나서 이삭을 많이 맺지요.

❸ 서로 힘을 모아서 모내기를 해요. 요즘에는 일손이 모자라서 기계로 모를 많이 심어요.

정성껏 벼를 보살펴요

모내기를 마치고 나서 열흘쯤 지나면 벼는 뿌리를 튼튼하게 내려요. 그리고 포기를 늘려 가요. 농부들은 부지런히 논에 물을 대요. 물이 넘치거나 모자라지 않게 물꼬를 트거나 닫으면서 논물을 봐요. 또 피나 방동사니 같은 잡초도 뽑고, 멸구 같은 해충이 꾀지 않게 보살피지요. 이렇게 벼농사는 힘이 많이 들어요.

❹ 벼를 돌봐요. 피나 방동사니 같은 잡초도 뽑고 해로운 벌레가 끼지 않도록 보살피지요.

벼를 거두어들여요

탐스러운 벼 이삭들이 누렇게 익기 시작하면 농부들은 벼를 거두어들일 준비를 해요. 벼를 제때에 거두어들여야 좋은 쌀을 얻을 수 있으니까 부지런히 논을 둘러봐요. 그리고 논바닥을 바싹 말린 다음 벼를 베기 시작하지요. 농부들은 이집 저집 돌아가면서 힘을 모아 벼를 베요. 벼를 벤 뒤에 낟알을 떨어내요. 이것을 탈곡이라고 해요.

❺ 힘을 모아서 벼를 베요. 요즘에는 기계로 벼를 베는 곳이 많아요. 벼는 말렸다가 낟알을 떨어요.

벼 껍질을 벗겨 내면 쌀이 되지요

우리가 먹는 흰쌀은 벼 껍질을 여러 겹 벗겨 낸 것이에요. 두껍고 까칠까칠한 왕겨만 한 겹 벗겨 내면 현미가 되고, 현미에서 쌀겨를 더 깎아 내면 흰쌀이 되지요. 쌀겨를 많이 벗겨 낼수록 희고 먹기 좋은 쌀이 되지만, 영양분은 점점 줄어들어요. 현미는 물에 며칠 담가 두면 싹이 나지만, 흰쌀은 물에 담근 지 이삼 일쯤 지나면 썩기 시작해요. 그만큼 현미는 영양분이 많아요.

벼는 사람 손이 많이 가야 잘 자라는 곡식이에요. 그래서 우리 조상들은 밥풀 한 알도 함부로 버리지 않았답니다. 쌀 한 톨에 어린 땀과 정성을 잘 알기 때문이지요.

벼

나락

현미

흰쌀

우리가 먹는 여러 가지 쌀과 곡식

우리는 날마다 밥을 먹고 살아요. 밥은 쌀로만 짓기도 하지만 여러 가지 곡식을 섞어서 짓기도 해요. 흰쌀로만 지은 이밥, 보리쌀로만 지은 꽁보리밥, 찹쌀로 지은 찰밥, 여러 가지 곡식으로 지은 오곡밥. 우리가 밥을 지어 먹는 곡식은 또 무엇이 있을까요?

검은쌀 밥을 지으면 보랏빛이 나요.

기장쌀 밥을 지으면 쫀득쫀득해요.

좁쌀 곡식 가운데 알이 가장 작아요.

옥수수 옥쌀이라고도 해요.

찹쌀 멥쌀보다 뽀얗고 찰져요.

수수쌀 밥을 지으면 붉은빛이 나요.

보리쌀 가운데에 줄이 있어요.

보리는 어떻게 자라날까요?

보리는 쌀 다음으로 많이 먹는 곡식이에요. 보리쌀로 지은 밥은 맛도 좋고 몸에도 아주 좋아요. 보리는 가을에 씨를 뿌려서 이듬해 초여름에 거두어들여요. 그래서 보리밥은 여름에 많이 먹지요. 보리는 어떻게 자랄까요?

보리는 언제 씨앗을 뿌릴까요?

보리는 다른 곡식과 달리 추운 겨울을 난 뒤에 이삭이 생겨요. 그래서 늦은 가을에 씨를 뿌려서 겨울을 나게 하고 이듬해 초여름에 거두어들이지요. 보리는 푸슬푸슬하고 부드러운 흙에서 잘 자라요. 씨앗을 뿌린 다음에는 추위에 잘 견디라고 흙을 두둑하게 덮어 주지요.

가을에 보리를 뿌렸어요.

일주일이 지났어요. 가는 뿌리털이 나오고 새싹이 나왔어요.

열흘쯤 지났어요. 새 잎이 자라났어요.

보리가 자라면 왜 밟아 줄까요?

보리는 추운 겨울을 잘 나기 위해서 뿌리를 땅 속으로 깊이 뻗어 내려요. 이때쯤 되면 농부들은 보리를 밟아 주지요. 서릿발 때문에 흙이 들뜨면 뿌리가 얼기 때문에 땅을 다져 두는 거예요. 이렇게 하면 줄기 수도 더 많아져요. 줄기 수가 많아야 이삭도 많이 나오지요.

이삭은 어떻게 나올까요?

날씨가 따뜻해지면 줄기도 이삭도 쑥쑥 자라나요. 많이 자라는 날은 하루 만에 키가 1.5센티미터나 큰다고 해요. 오월이 되면 이삭은 잎집을 가르고 나와요. 꽃도 곧 피어난답니다. 보리는 바람의 도움을 받아서 가루받이를 해요. 가루받이가 끝나면 씨가 여물기 시작하지요.

겨울을 나려고 뿌리를 땅속 깊이 뻗어요.

이듬해 오월, 보리 이삭이 나왔어요.

유월, 보리가 누렇게 익었어요.

보리로 무엇을 만들어 먹을까요?

유월이 되면 보리 이삭이 누렇게 익어요. 농부들은 장마가 지기 전에 보리를 거두어들여요. 보리로는 밥도 해 먹고 싹을 내어서 엿기름도 만들어요. 엿기름으로 식혜를 만들어 먹기도 하고 엿을 고아 먹기도 하지요. 보릿짚을 엮어서 메뚜기집을 만들어 놀기도 한답니다.

보리를 타작할 때 쓰는 연장

보리는 장마가 지기 전에 서둘러서 거두어들여야 해요. 비를 맞으면 보리에 싹이 나고 썩어서 못 먹게 되니까요. 요즘은 기계로 보리타작을 많이 하지만 예전에는 하나하나 보릿단을 내리쳐서 보리를 털었어요.

탈곡기
보릿단째 넣어서 낟알을 터는 기계예요. 통이 구른다고 궁글통이라고도 하고, '와랑와랑' 소리가 난다고 와랑이라고도 해요.

개상
'탁탁' 보릿단을 내리쳐서 보리를 털어요.

홀테
'삭삭' 보리 이삭을 잡아당겨서 낟알을 훑어요.

도리깨
'털썩털썩' 이삭을 두드려서 낟알을 털어요. 콩을 털 때도 써요.

콩으로 무엇을 만들까요?

콩은 쓰임새가 아주 많은 곡식이에요. 우리 겨레는 옛날부터 콩으로 온갖 음식을 만들어 먹었어요. 밥에도 넣어 먹고, 콩나물도 길러 먹고, 메주를 쑤어서 장도 담가 먹었어요. 또 콩으로 어떤 음식을 만들까요?

콩으로 어떻게 두부를 만들까요?

두부를 만들려면 먼저 물에 불린 메주콩을 맷돌에 갈아서 펄펄 끓여요. 찌꺼기는 걸러 내고 진한 국물만 따로 받아요. 콩국물에 소금물을 넣으면 콩물이 엉겨서 물렁물렁한 덩어리가 돼요. 이것을 순두부라고 하지요. 순두부를 단단하게 굳히면 두부가 돼요. 두부는 말랑말랑해서 먹기도 좋고 소화도 잘되지요.

요즘에는 언제라도 두부를 사 먹지만, 옛날에는 손이 많이 가서 잔칫날에나 먹었어요.

콩으로 어떻게 콩나물을 기를까요?

콩나물은 콩에 물을 주어서 싹을 낸 것이에요. 옛날에는 집집마다 길러서 먹었답니다. 바닥에 구멍이 뚫린 시루에 베 보자기나 짚을 깔고 물에 불린 콩을 담아요. 그리고 물을 주어서 기르면 하얀 싹이 돋아나지요. 콩나물이 잘 자라라고 재를 뿌려 주기도 해요. 콩나물은 햇빛을 보면 푸른 잎이 돋아나서 못 먹게 된답니다. 그래서 검은 보자기를 씌워서 어둡고 서늘한 곳에 두지요. 콩나물에는 비타민이 많아서 채소가 흔치 않은 겨울에 즐겨 먹었답니다.

콩에 물을 주어 기르면 맛있는 콩나물이 시루에 가득 차요.

콩으로 어떻게 장을 담글까요?

콩으로 만든 것 가운데에서 빼놓을 수 없는 것이 메주예요. 가을에 거두어들인 햇콩을 푹푹 삶아서 절구에 찧은 다음, 네모나게 빚거나 동그랗게 빚어요. 이것을 겨우내 띄우면 곰팡이가 생기면서 고리타분한 냄새가 나지요. 이듬해 봄에 메주로 간장이나 된장을 담그면 한 해 내내 두고 먹을 수 있어요. 잘 담근 된장이나 간장은 아무리 오래 두어도 썩지 않아요. 오히려 맛이 좋아져요.

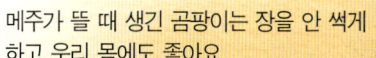

메주가 뜰 때 생긴 곰팡이는 장을 안 썩게 하고 우리 몸에도 좋아요.

우리가 먹는 여러 가지 콩

콩은 생김새도 가지가지, 이름도 가지가지예요. 모두 꼬투리가 달리고 속에는 콩알들이 조르르 들어 있지요. 돌콩처럼 들에서 저절로 나는 콩도 있고 메주콩이나 강낭콩처럼 밭에 심어 기르는 콩도 있어요. 우리 밥상에는 어떤 콩이 올라올까요?

메주콩

메주콩은 쓰임새가 많아요. 메주도 빚고 콩나물이나 두부도 만들어요.

땅콩

땅콩은 볶거나 삶아서 먹어요. 땅콩버터를 만들기도 하고 기름을 짜기도 하지요.

강낭콩

강낭콩은 밥에 얹어 먹거나 떡에 넣어 먹어요. 어린 꼬투리는 통째로 쪄 먹어요.

- 완두

완두는 밥에 얹어 먹거나 떡이나 과자를 만들 때 넣어요. 풋콩으로도 많이 먹어요.

- 녹두

녹두는 빈대떡을 부치거나 청포묵을 쑤어요. 싹을 내면 숙주나물이 되지요.

- 팥

팥은 떡고물도 만들고 팥밥도 지어 먹어요. 동짓날에는 팥죽을 쑤어서 나누어 먹어요.

우리는 어떤 채소를 먹을까요?

우리가 먹는 채소는 아주 많아요. 우리 조상들은 여러 식물 가운데에서 먹을 수 있는 것을 가려내어 채소로 길러 왔어요. 채소는 날것으로 먹기도 하지만 여러 가지 음식을 만들어 먹기도 해요.

김치를 담그는 배추

배추는 김치를 담가 먹어요. 잘 익은 김치에는 젖산이 많이 들어 있어요. 젖산은 소화가 잘되도록 도와주지요. 늦가을에 배추로 김장 김치를 담가 두면 겨울 내내 싱싱한 채소나 과일 대신 먹을 수 있어요.

배추

소화가 잘되는 무

무도 김치를 담가요. 배추랑 섞어서 나박김치도 담그고, 열무김치도 담그고, 총각김치도 담그지요. 겨울에는 동치미를 담가 먹기도 해요. 무청에는 영양분이 많아요. 그래서 무청을 말려 두었다가 국을 끓여 먹기도 하지요. 말린 무청을 시래기라고 해요. 무에는 소화를 돕는 효소가 있어서 무를 먹으면 소화도 잘되고 입맛도 나지요.

무

고춧가루를 내 먹는 고추

고추는 날로도 먹지만 말려서 가루를 내어 양념으로 많이 써요. 김치를 담글 때나 찌개를 끓일 때 고춧가루를 넣지요. 고춧가루를 넣으면 음식이 잘 안 상한답니다. 그래서 김치를 담글 때 고춧가루를 넣으면 오래 두고 먹을 수 있어요. 고춧가루로 고추장도 담가요.

끼니를 때운 감자

감자는 어디서나 잘 자라요. 그래서 우리 나라 어느 곳이나 감자 농사를 짓지요. 감자의 어린 싹에는 우리 몸에 해로운 독이 있는데, 싹을 도려내고 익혀 먹으면 괜찮아요. 감자는 끼니 삼아 먹기도 하지만 녹말을 내어 과자나 떡을 만들어 먹기도 해요. 녹말은 옷감이나 종이나 약품을 만들 때도 쓰지요. 또 짐승의 먹이로 쓰기도 해요.

고추

감자

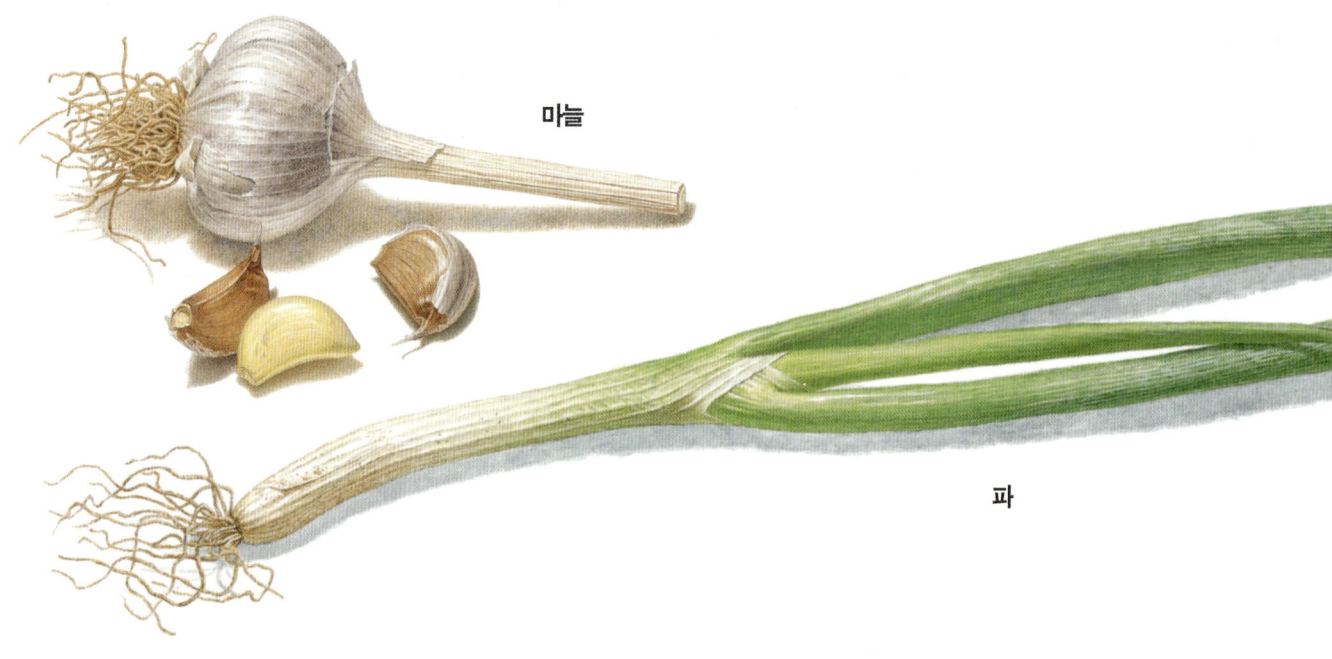

마늘

파

여름에 먹는 오이

오이는 덩굴손으로 다른 물체를 감으면서 뻗어 나가요. 그래서 오이를 기를 때는 버팀대를 꼭 세워 주지요. 요즘은 온실에서 많이 기르지만 본디 오이가 나는 철은 여름이에요. 어린 오이는 날로 먹거나 소박이를 담가 먹고, 누렇게 익은 오이는 장아찌를 만들어서 오래 두고 먹어요. 오이는 성질이 차서 뜨거운 것에 데었을 때 오이즙을 바르면 잘 낫는답니다.

오이

비타민이 많은 당근

당근은 무처럼 생긴 뿌리를 먹어요. 빛깔 때문에 빨간 무라고 하지요. 김밥이나 잡채 같은 음식에도 넣고, 온갖 반찬을 만들 때도 넣어 먹지요. 당근에는 눈을 밝게 해 주는 비타민 A가 많이 들어 있어요. 날로 먹어도 좋지만 기름에 볶아서 먹으면 몸에 더 좋지요.

당근

양념으로 쓰는 파와 마늘

파와 마늘은 양념으로 흔히 쓰는 채소예요. 김치를 담글 때 꼭 넣지요. 찌개나 국을 끓일 때도 넣고 온갖 반찬에도 넣어 먹어요. 마늘은 양념으로 쓸 때는 얇은 겉껍질을 벗기고 찧어서 써요. 꽃대를 마늘종이라고 하는데 장아찌를 만들거나 볶아서 나물로도 먹어요.

쓸모가 많은 호박

호박은 쓰임새가 무척 많아요. 애호박은 국이나 찌개에 넣어 먹고, 볶음이나 부침개도 해 먹어요. 잎은 쪄서 쌈을 싸 먹기도 하지요. 호박이 누렇게 다 익으면 호박범벅을 해 먹어요. 익을수록 단맛이 많이 나기 때문에 잘 익은 호박은 엿을 고아서 먹기도 하지요. 또 길게 썰어서 말렸다가 떡을 쪄 먹기도 해요. 호박은 몸을 따뜻하게 하고 기운을 북돋워 주기 때문에 아기를 낳은 엄마들이 많이 먹어요.

호박

우리는 어떤 과일을 먹을까요?

과일 나무는 아주 오랜 옛날부터 산이나 들에서 저절로 자랐어요.
지금 우리가 먹는 과일은 옛날보다 맛도 좋고, 크기도 훨씬 크답니다.
요즘은 철이 따로 없이 과일이 나와요. 하지만 제철에 나는 과일이 맛도 좋고 영양도 많아요.

새콤달콤한 사과를 먹어요

사과는 우리 나라에서 아주 많이 기르는 과일이에요. 우리 나라 날씨는 사과가 자라기에 알맞기 때문이에요. 사과나무에 사과가 열려서 자라기 시작하면 종이 봉투를 씌워 두기도 해요. 이렇게 하면 벌레도 막을 수 있고, 사과 맛도 좋아져요. 사과를 많이 먹으면 살갗도 부드러워지고 잇몸도 튼튼해진답니다.

사과

사과나무는 열매가 굵고 잘 자라라고 가지를 잘라 주어요.

달고 시원한 배를 먹어요

배는 즙이 많아서 맛이 시원하지요. 배를 김치에 넣으면 김치 맛을 시원하게 해 줘요. 또 기침 감기에 걸렸을 때, 소화가 잘 안 될 때 약으로 쓰기도 해요. 배를 기를 때도 벌레가 먹는 것을 막으려고 종이 봉투를 씌운답니다.

배

배나무는 돌배나무에 접을 붙여 길러요.

물렁물렁 달콤한 복숭아를 먹어요

복숭아는 단물이 많고 맛이 좋아요. 그런데 쉽게 짓물러서 오래 두고 먹지 못해요. 그래서 설탕을 넣고 졸여서 통조림이나 잼으로 만들어 먹기도 해요. 복숭아씨는 약으로도 쓴답니다. 기침이 많이 나거나 가래가 생겼을 때 복숭아씨를 갈아서 먹어요.

복숭아

복숭아나무는 가뭄에 잘 견디고 벌레에도 강해요.

포도나무는 기를 때 울타리나 버팀대를 세워 주어요.

탱글탱글 새콤한 포도를 먹어요

포도는 사람들이 아주 오래 전부터 길러 온 과일이에요. 포도는 처음에는 푸르다가 검게 익어요. 포도를 따서 으깨면 즙이 나오는데 이 즙을 오래 두면 술이 되지요. 또 말려서 건포도를 만들거나 잼이나 젤리를 만들기도 해요.

쫄깃쫄깃 잘 마른 대추를 먹어요

대추는 그냥 먹기도 하지만 말려서 떡이나 약밥에도 넣어요. 과일 가운데 으뜸으로 쳐요. 또 약으로도 써요. 대추를 많이 먹으면 오줌이 잘 나오고 몸도 튼튼해져요.

대추나무는 집 둘레나 밭둑에 많이 심었어요.

오독오독 고소한 밤을 먹어요

밤은 제사상에서 빠질 수 없는 과일이에요. 정월 대보름이 되면 밤이나 잣이나 땅콩이나 호두를 깨물어 먹는 풍습이 있어요. 정월 대보름에 먹는 딱딱한 과일을 부럼이라고 해요. 우리 조상들은 부럼을 깨물면 이도 튼튼해지고 부스럼도 안 생기고 더위도 안 탄다고 믿었어요.

밤

밤나무는 씨앗을 심은 지 7~10년은 있어야 밤이 열려요.

말랑말랑한 홍시를 먹어요

잘 익은 감은 물렁물렁하고 달아요. 덜 익어서 딱딱하고 떫은 땡감도 소금물에 며칠 담가 두면 떫은맛이 감쪽같이 사라지지요. 감은 껍질을 벗긴 뒤에 말려서 곶감을 만들어 먹기도 해요. 단감은 홍시가 되기 전에도 맛이 달아요.

감

감나무는 해거리를 해서 한 해에 많이 열리면 이듬해에는 덜 열려요.

약초는 어떻게 쓰일까요?

사람들은 옛날부터 병을 고치는 데 약초를 많이 써 왔어요. 집집마다 약쑥이나 익모초를 매달아 두기도 하고 자주 쓰는 약초는 마당 가에 심기도 했어요.
흔히 약초로 병을 고친다고 하면 비과학적이고 낡은 치료 방법이라고 생각하기 쉬워요. 하지만 요즘에는 약초를 써서 약을 만들려고 많이 애쓰고 있지요.

약초로 어떻게 병을 고칠까요?

보잘것없어 보이는 풀 한 포기로 어떻게 병을 고칠 수 있을까요? 식물은 저마다 독특한 성질을 갖고 있어요. 배나 수박에는 담백한 맛이 있어서 열을 식혀 주고 겨자나 후추에는 매운맛이 있어서 열이 나게 해 줘요. 또 쑥에는 피를 멎게 하는 성질이 있어요. 이렇게 사람들은 식물이 가지고 있는 성질을 잘 살펴서 약초로 쓴답니다.

옛날에는 집집이 약재를 갖추어 두고 어지간한 병은 손수 고쳤어요.

약으로 쓰는 나무는 무엇일까요?

나무도 약으로 써요. 옛날 사람들은 농사일 하는 틈틈이 산이나 들에서 약에 쓰는 풀이나 나무를 구해 두었다가 썼어요. 많이 쓰는 것은 마당에 심어 기르기도 했어요. 나무에서 약으로 쓰는 곳은 나무마다 달라요. 뿌리나 열매를 쓰는 것도 있고 줄기나 잎을 쓰는 것도 있어요.

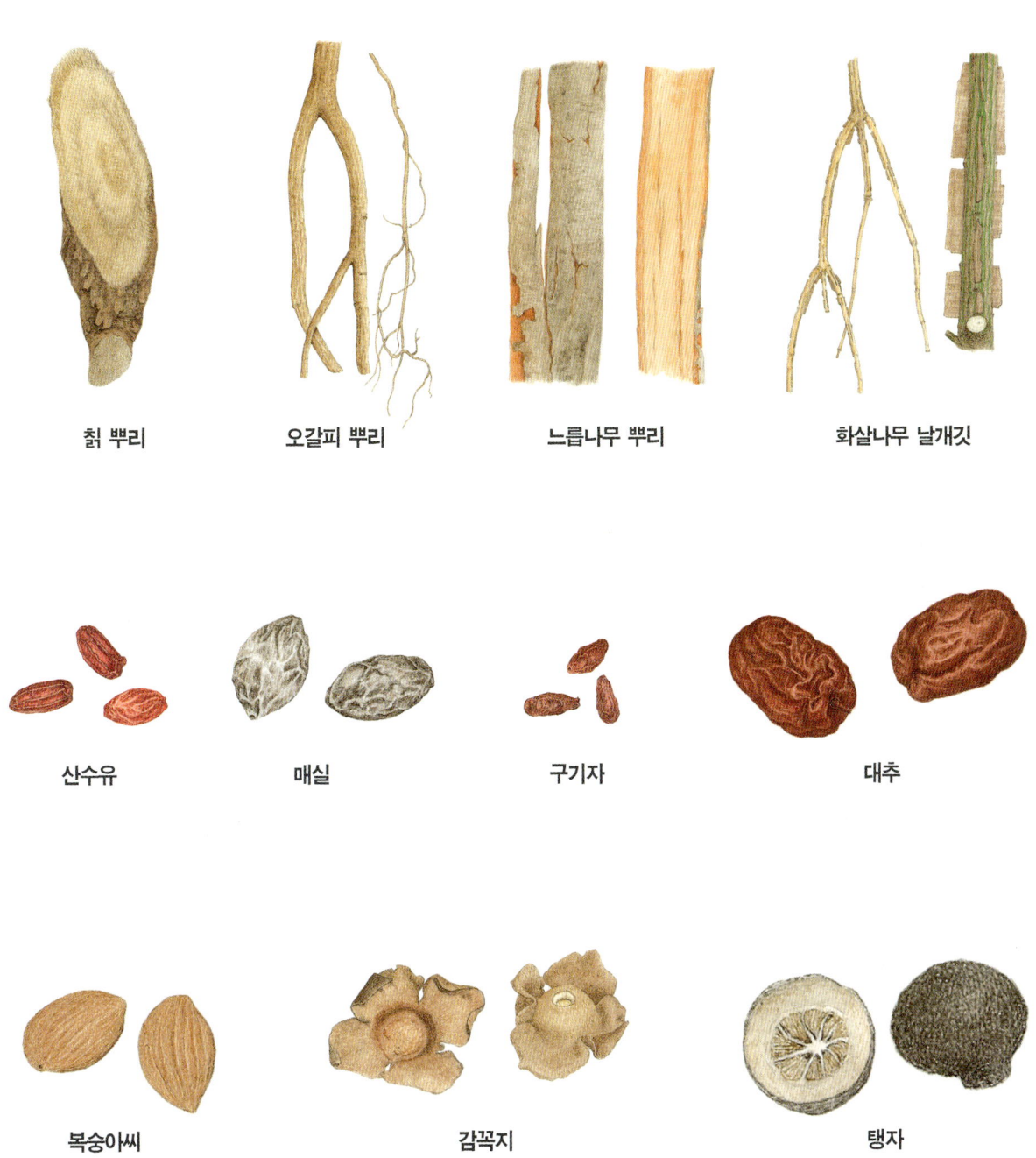

약으로 쓰는 풀은 무엇일까요?

요즘은 병원에서 놓는 주사약이나 약국에서 지어 주는 약이 제일인 줄 알고 있지만 우리 조상들은 약초를 많이 썼어요. 설사가 나면 이질풀을 달여서 먹었어요. 불에 데면 부추를 찧어서 붙이기도 하고, 다리를 삐거나 허리를 다치면 쑥뜸을 떠서 고치기도 했어요. 또 파뿌리를 잘 말려 두었다가 달여 먹기도 했어요. 파뿌리는 기침을 낫게 해 주거든요. 지금도 우리는 조상들이 힘들여 찾아낸 풀들을 약초로 쓰고 있어요. 우리 둘레에 있는 맨드라미, 나팔꽃, 쑥, 달개비 모두 다 약초예요. 쇠비름, 능쟁이, 쑥부쟁이, 민들레도 약초로 써요. 이제 둘레를 잘 살펴보세요. 또 어떤 풀이 약초일까요?

구절초
몸속을 따뜻하게 해 주고 소화가 잘되게 해 줘요.

삼백초
옛날에는 종기가 났을 때 짓찧어서 상처에 붙였어요.

이질풀
설사를 멎게 해 줘요.

인삼
약효가 매우 다양해서 약초 가운데 으뜸으로 치지요.

지황
피를 맑게 해 주는 약초예요.

도라지
기관지에 좋아요. 봄가을이면 뿌리로 나물도 해 먹어요.

약초 이름은 왜 그렇게 어려울까요?

한약방에 가면 갈근이나 곤포처럼 모르는 약초가 많아요. 한자말이어서 어렵지만 우리 말로 풀어 쓰면 우리도 잘 아는 풀들이에요. 갈근은 칡뿌리고, 교맥은 메밀이고, 길경은 도라지예요. 또 곤포는 미역이지요. 옛날에는 우리 말보다 남의 나라 말을 더 귀하게 여겼기 때문에 쉬운 우리 말을 두고 어려운 한자말로 이름을 붙인 거예요.

옛날에는 한약을 달여서 짰어요. 약이 다 달여지면 베 보자기로 찌꺼기를 걸러 내고 마셔요.

식물이 없으면 어떻게 될까요?

식물은 햇빛을 받아서 녹말을 만들고 산소를 밖으로 뿜어내요. 이것을 광합성이라고 해요. 식물은 광합성을 해서 더러운 공기를 맑게 해 주고 사람이나 동물한테 필요한 산소를 만들어 내요. 식물은 또 무슨 일을 할까요?

식물이 없으면 어떤 일이 일어날까요?

나무가 우거지면 물난리를 막을 수가 있어요. 나무숲에는 가랑잎이나 작은 틈이 많기 때문에 빗물을 잘 빨아들여요. 나무나 풀이 없는 곳에 비가 내리면 빗물이 땅으로 잘 스며들지 못하고 그대로 땅 위를 흐르게 돼요. 그래서 비가 많이 내리면 산사태가 나거나 물에 쓸려 내려온 흙이 강바닥에 쌓여서 강물이 넘치기도 하지요. 물살 때문에 강둑이 터지기도 해요. 하지만 숲이 우거지면 땅에 있는 물기가 금방 날아가지 않아요. 그래서 큰 산에 있는 샘물은 오랜 가뭄에도 안 말라붙지요. 또 나무가 많은 곳에서는 심한 바람도 누그러지고, 눈이 많이 내려도 눈사태가 안 일어난답니다.

식물이 없으면 무엇을 먹고 살까요?

 식물이 없으면 밥도 먹을 수 없고, 나물 반찬도 먹을 수 없어요. 그럼 물고기 반찬이나 고기 반찬은 먹을 수 있을까요? 물고기는 물 속에 사는 식물을 먹고 살거나, 다른 물고기를 잡아먹고 살아요. 그러니까 물고기 반찬도 먹을 수 없어요. 또 짐승들은 풀을 먹고 살기 때문에 식물이 없으면 짐승도 살 수가 없어요. 그러니까 고기 반찬도 먹을 수가 없지요. 식물이 없으면 우리가 먹을 수 있는 것은 아무것도 없답니다.

식물로는 무엇을 만들까요?

　우리가 입는 옷은 거의 다 식물로 만든 것이에요. 무명, 삼베, 모시는 물론이고 화학 섬유도 식물이 없으면 만들어 낼 수가 없어요. 화학 섬유는 대부분 석유나 석탄에서 실을 뽑아요. 석유나 석탄은 식물이 오랫동안 땅에 묻혀 있어야 생겨나요. 양털이나 비단도 마찬가지예요. 양이나 누에도 식물 없이는 살 수가 없으니까요. 옷뿐만이 아니에요. 우리 둘레에는 식물로 만든 것이 수없이 많답니다. 책상이나 옷장 같은 가구나 우리가 쓰는 종이도 나무로 만들었어요. 장화나 장갑을 만드는 고무도 고무나무에서 진을 뽑아서 만들었답니다.

옷을 만드는 식물

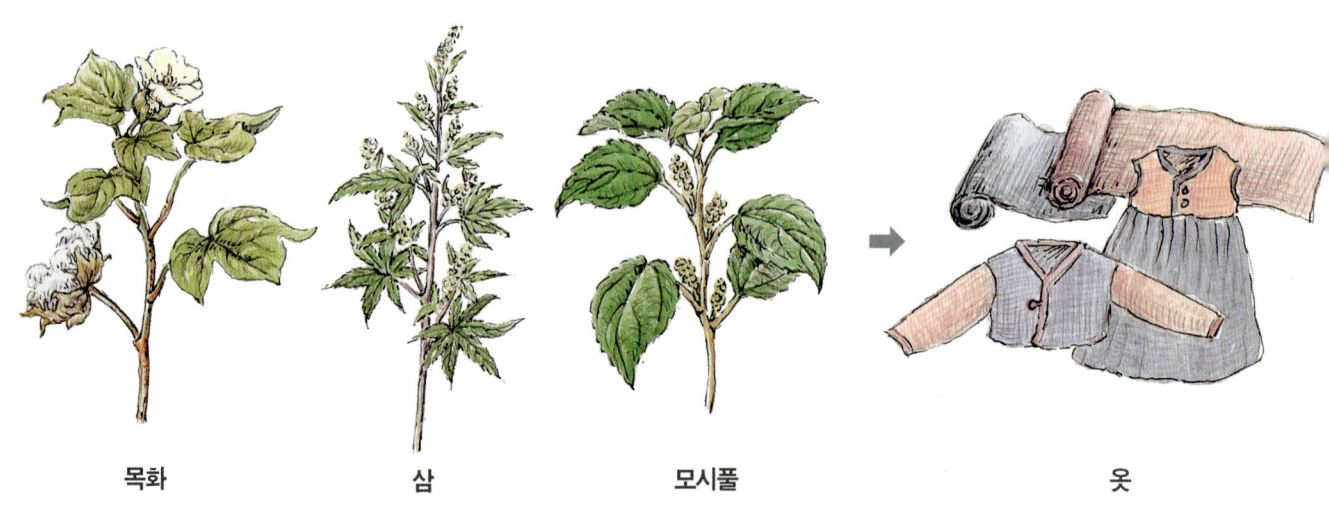

목화　　　　삼　　　　모시풀　　　　옷

종이를 만드는 식물

가문비나무　　닥나무　　뽕나무　　　　종이

나무로 만든 살림살이

우리 겨레는 나무를 해다가 살림살이를 만들었어요.
도마나 소반 같은 부엌살림이며 여러 가지 농사 연장을 만들어 썼어요.

옷장
오동나무로 많이 만들어요.

밥상
은행나무로 많이 만들어요.

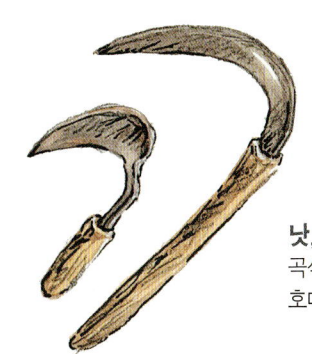

낫, 호미
곡식을 벨 때 쓰는 낫이나 김맬 때 쓰는 호미도 자루는 나무로 만들어요.

절구
곡식을 찧을 때 써요.

책상, 걸상
앉아서 공부하는 책상이나 걸상도 나무로 만들어요.

뿌리와 줄기와 잎과 꽃은 어떤 일을 할까요?

식물의 뿌리와 줄기와 잎과 꽃은 저마다 하는 일이 달라요. 뿌리는 물과 양분을 빨아들이고, 줄기는 물이랑 양분을 날라요. 잎은 햇빛을 받아 양분을 만들어요.
또 꽃은 어떤 일을 할까요?

뿌리는 어떤 일을 할까요?

식물의 뿌리는 힘이 무척 세요. 흙도 비집고 들어가고 단단한 바위틈도 쪼개고 들어가지요. 물을 찾아 내면 가는 뿌리털이 힘차게 물을 빨아들여요. 또 뿌리는 식물이 땅에 단단히 서 있게 해 주어요. 그래서 뿌리를 튼튼히 내리면 세찬 비바람이 불어도 끄떡없지요.

딸기는 줄기가 땅 위를 기면서 뿌리를 내려요.

가지는 줄기가 검은 자줏빛이여 잔가지를 많이 쳐요.

줄기는 어떤 일을 할까요?

물을 뿌리에서 잎까지 올려 보낼 때나 잎에서 만들어 낸 영양분을 아래로 내려보낼 때는 반드시 줄기를 거쳐요. 줄기 속에는 물과 당분이 오르내리는 길이 있어요. 사람에게 핏줄이 있듯이 식물에게도 핏줄이 있는 셈이지요. 또 줄기는 비바람에 맞서서 식물을 지키고, 잎이 햇빛을 잘 받을 수 있게 도와 주지요. 벼나 보리나 갈대는 줄기 속을 비워서 바람을 이겨 내요. 바람이 불면 부드럽게 휘면서 부러지지 않아요. 담쟁이는 나무든 벽이든 가리지 않고 기어 올라가서 잎이 햇빛을 잘 받을 수 있도록 도와주지요.

감자는 뿌리가 아니고 땅속에 생긴 덩이줄기예요.

옥수수는 곁뿌리가 나와서 받침대 노릇을 해요. 줄기는 둥근 기둥 모양이에요.

잎은 어떤 일을 할까요?

잎은 햇빛을 받아서 녹말과 산소를 만들어요. 푸른 나뭇잎 속에는 엽록소가 들어 있어요. 엽록소는 햇빛을 받아서 물과 공기 속에 있는 이산화탄소를 녹말과 산소로 바꿔 주지요. 잎에서 만든 녹말은 식물이 자라는 데 쓰여요. 산소는 우리가 숨을 쉬고 살 수 있게 하지요. 그래서 식물이 많으면 공기가 맑아져요.

아까시나무잎

머루잎

은행나무잎

홍단풍잎

갈참나무잎

느티나무잎

밤나무잎

대나무잎

꽃은 어떤 일을 할까요?

식물은 꽃이 없으면 열매나 씨앗을 맺을 수 없어요. 열매나 씨를 맺으려면 먼저 꽃을 피우고 가루받이를 해야 해요. 식물은 바람을 이용하거나 곤충의 도움을 받아서 가루받이를 해요. 곤충의 도움을 받는 꽃은 빛깔이 화려하거나 꽃 냄새가 진해요. 벼나 보리는 바람에 꽃가루가 날려서 가루받이를 하지요.

열매와 씨앗은 어떤 일을 할까요?

식물은 가루받이가 끝나면 씨앗을 맺어요. 씨앗은 바람을 타고 퍼지기도 하고 다른 동물이 먹고 퍼뜨리기도 해요. 콩이나 밤도 씨앗이에요. 콩은 꼬투리에 들어 있고, 밤은 밤송이에 싸여 있지요. 사과나 복숭아 씨앗은 맛있는 열매의 살 속에 들어 있어요. 우리는 식물의 씨도 먹어요. 쌀이나 보리, 밀 같은 곡식이 모두 씨앗이지요.

식물은 어떻게 운동을 할까요?

식물은 겉으로 보면 안 움직이는 것 같지만, 알고 보면 끊임없이 움직이고 있답니다. 잎이나 줄기는 햇빛을 받으려고 움직이고, 뿌리는 물을 찾아서 움직이지요. 또 꽃을 피울 때나 씨앗을 퍼뜨릴 때도 여러 가지 운동을 한답니다.

나팔꽃은 어떻게 운동을 할까요?

나팔꽃 줄기는 가늘고 길어요. 그래서 다른 것을 감아야만 안 쓰러지고 자랄 수 있어요. 나팔꽃 줄기는 공중에서 빙빙 돌면서 감을 것을 찾아요. 그러다가 버팀대에 닿으면 휘감아 버리지요. 덩굴줄기에는 가는 털이 나 있어서 휘감고 올라갈 때 미끄러지지 않게 해 줘요. 나팔꽃을 기를 때는 덩굴이 휘감을 수 있도록 버팀대를 세워 줘야 해요. 안 그러면 서로 엉켜 버리고 만답니다. 나팔꽃 줄기는 언제나 시계 반대 방향으로만 덩굴을 감아요. 덩굴이 버팀대를 한 바퀴 감는 데에는 한 시간쯤 걸려요.

나팔꽃 덩굴은 버팀대를 휘감아요.

수세미오이는 어떻게 운동을 할까요?

수세미오이도 줄기가 가늘고 길어서 혼자 힘으로 못 서요. 그래서 다른 나무나 버팀대를 감고 올라가는데, 나팔꽃과는 달리 덩굴손으로 감고 올라가지요. 덩굴손은 버팀대에 닿으면 용수철 모양으로 꼬여요. 바람이 세게 불어도 덩굴손이 단단히 감고 있어서 안 떨어져요. 덩굴손은 덩굴줄기보다 감는 속도가 훨씬 빨라요. 5분 정도면 버팀대를 두 바퀴나 감을 수 있어요.

수세미오이 덩굴은
바람이 불어도 끄떡없어요.

담쟁이 덩굴은 가지 끝에
빨판이 있어요.

담쟁이는 어떻게 운동을 할까요?

담쟁이나 수세미오이나 나팔꽃은 덩굴 식물이에요. 덩굴 식물은 줄기가 곧게 서지 못하고 땅바닥을 기거나, 다른 물체에 붙어서 자라지요. 담쟁이는 덩굴손으로 벽이나 바위에 달라붙어요. 담쟁이의 어린 덩굴손은 자라면서 물체 쪽으로 뻗어 가지요. 다 자란 덩굴손 끝은 납작한 빨판으로 바뀌어요. 빨판은 힘이 매우 세요. 벽에 찰싹 붙어서 덩굴이 벽을 기어 올라가 햇빛을 많이 받게 해 주지요.

달맞이꽃은 어떻게 운동을 할까요?

꽃은 흔히 낮에 활짝 피었다가 밤에 오므라들어요. 하지만 달맞이꽃은 햇빛이 비치는 동안에는 안 피고 달이 뜰 무렵에 피었다가 아침에 오므려요. 이렇게 꽃이 피고 지는 것은 온도나 밝기에 따라서 달라요. 나팔꽃이나 수련은 아침에 피고, 메꽃은 낮에 피고 또 분꽃이나 박꽃은 달맞이꽃처럼 저녁때 피어요.

달맞이꽃은 밤에 피었다가 아침에 오므려요.

메꽃은 낮에 피었다가 저녁에 져요.

끈끈이주걱은 어떻게 운동을 할까요?

식물 가운데에는 곤충을 잡아먹고 사는 것도 있어요. 곤충을 잡아먹는 식물들은 양분이 적은 습지에 모여 살지요. 그래서 벌레를 잡아서 양분을 얻는답니다. 벌레를 잡는 방법도 여러 가지예요. 파리지옥은 올가미같이 생긴 잎을 재빨리 닫아서 곤충을 잡아먹어요. 끈끈이주걱은 잎에 끈끈한 털이 나 있는데 벌레가 붙으면 꼼짝도 못해요. 이런 식물들은 벌레를 녹여서 먹어요.

끈끈이주걱은 잎에 끈끈한 털이 나 있어요.

봉숭아는 어떻게 운동을 할까요?

봉숭아는 꽃이 지고 나면 풀색 열매가 열려요. 열매 속에는 동그란 씨앗이 들어 있어요. 열매가 자라서 누렇게 여물면 살짝 건드리기만 해도 열매 껍질이 말리면서 씨가 튀어나와요. 그래서 봉숭아는 바람의 힘이나 사람의 손을 빌리지 않아도 자기 힘으로 씨앗을 퍼뜨릴 수 있어요.

봉숭아는 열매 껍질이 저절로 터져요.

식물은 어떻게 씨를 퍼뜨릴까요?

씨는 살려는 힘이 무척 세요. 몇백 년 동안 무덤 속에 있던 볍씨에서 싹이 트기도 하고, 만 년 동안 얼어붙어 있던 씨가 싹을 틔우기도 하지요.
씨앗 한 알이라도 살아서 뿌리를 내리면 식물은 자꾸자꾸 퍼져 나가요.

뱀딸기는 마디에서 수염뿌리가 나와서 퍼져요.

달뿌리풀은 마디에서 뿌리가 나와서 퍼져요.

딸기는 어떻게 씨를 퍼뜨릴까요?

딸기는 줄기가 옆으로 기면서 자라요. 줄기에서는 마디마다 하얀 뿌리가 나와서 흙 속으로 파고들어요. 그렇게 내린 뿌리마다 새싹이 돋아서 새 그루로 자라요. 그래서 딸기는 한 그루만 심어도 여러 그루를 얻을 수 있어요. 감자도 줄기로 포기를 늘려 가요. 우리가 먹는 감자는 뿌리가 아니라 땅속줄기가 자란 거예요.

민들레는 씨앗이 하얀 우산털을 펴고 날아가요.

소나무는 씨에 날개가 있어서 바람에 날아가요.

민들레는 어떻게 퍼질까요?

민들레나 엉겅퀴는 씨에 가느다란 우산털이 붙어 있어요. 바람이 불면 꽃대 끝에 매달려 있던 씨가 우산털을 활짝 펴고 날아가요. 낙하산을 펴고 나는 것처럼 천천히 바람에 실려 가서 땅에 떨어져요. 단풍나무씨나 솔씨에는 날개가 붙어 있어요. 바람이 불면 날개를 팽글팽글 돌리면서 날아가지요. 그래서 먼 곳까지 씨를 날려 보낼 수 있답니다.

봉숭아는 어떻게 퍼질까요?

봉숭아는 꽃이 지면 푸른색 열매가 달려요. 열매가 누렇게 익으면 껍질이 말리면서 씨들이 튀어나와요. 껍질이 말리는 힘이 셀수록 멀리 튀어 나가요. 콩도 씨가 다 익으면 꼬투리가 터지면서 속에 들어 있던 씨들이 타닥타닥 튀어나와요. 하지만 이렇게 튀어나오는 씨들은 아주 멀리까지 갈 수는 없어요. 그래서 가까운 곳에 옹기종기 모여 자라요.

새팥은 꼬투리가 터지면서 씨앗이 터져 나와요.

봉숭아는 껍질이 말리면서 씨앗이 튀어나와요.

머루는 새나 짐승이 먹고 씨를 퍼뜨려요.

동물이 어떻게 씨를 퍼뜨릴까요?

다른 동물에게 먹혀서 씨를 퍼뜨리는 식물도 있어요. 찔레나 머루는 열매가 익으면 맛있는 냄새가 나고 색깔도 예뻐요. 그래서 새나 짐승들이 좋아한답니다. 새나 짐승이 열매를 먹으면 껍질과 살만 소화되고 딱딱한 씨는 그대로 남아요. 그러다가 똥에 섞여 나오지요. 겨우살이 열매에는 끈끈한 속살이 가득 차 있어요. 새가 먹고 똥을 누면 끈끈한 속살 때문에 나뭇가지에 착 달라붙어요.

겨우살이 열매에는 끈끈한 속살이 들어 있어요.

겨우살이는 상수리나무에 붙어살아요.

도꼬마리 씨앗에는 갈고리가 달려 있어요.

가막사리 열매에는 가시가 나 있어요.

도꼬마리는 어떻게 퍼질까요?

도꼬마리나 가막사리는 씨에 가시나 갈고리가 있어요. 가을에 풀숲에 들어갔다 나오면 소매나 옷자락에 씨들이 붙어 있는 것을 볼 수 있어요. 이렇게 도꼬마리나 가막사리는 사람이나 짐승 털에 붙어 다니다가 땅에 떨어져서 뿌리를 내려요.

다른 나라에서 들어온 식물

망초는 우리 나라에 없던 식물이에요. 다른 나라에서 비행기나 배로 짐을 싣고 올 때 묻어 왔다가 항구나 비행장 둘레에 떨어져서 뿌리를 내리기 시작했어요. 이렇게 다른 나라에서 들어와 자리를 잡고 사는 식물을 귀화식물이라고 해요.

붉은서나물은 경기도 용인에서 처음 발견되었어요. 여러 곳으로 빠르게 퍼졌어요.

미국자리공은 우리 나라에 들어온 지 30년쯤 됐어요. 길가에서 많이 자라요.

가자, 재미있는 동물 세계

온 세상 어디에나 동물들이 살고 있어요. 동물들은 사람이 살기 훨씬 전부터 지구에서 살아왔어요. 사냥을 위해 무리를 짓기도 하고, 사는 곳을 옮기기도 하면서 살아남으려고 애써 왔지요. 그러면서 동물들은 저마다 살아가는 데 알맞은 몸 크기나 생김새를 갖게 되었어요. 그러니까 몸집이 크다고 다 좋은 것도 아니고, 작다고 다 나쁜 것이 아니지요.

동물 세계는 작은 벌레부터 몸집이 큰 동물까지 끊임없이 먹고 먹히면서 이어져요. 하지만 작고 힘이 없는 동물들이 모두 잡아먹히는 건 아니에요. 나름대로 제 몸을 지키는 방법이 있으니까요. 또 도움을 주고받으며 살아가는 동물들도 있어요. 힘을 모아 서로를 지켜 주거나 함께 먹이를 찾기도 하지요. 그리고 힘이 센 동물들도 자기가 먹을 만큼만 사냥을 하고 더 욕심을 부리지 않아요. 자연에서 다른 동물들과 함께 살아야 자기도 살 수 있다는 걸 알고 있지요. 이렇게 동물들은 우리가 사는 지구에서 서로 균형을 이루며 살아가고 있답니다.

19 동물의 생김새 | 모두 꼭 맞아요

동물은 다 생김새가 달라요

왜 동물들은 저마다 다르게 생겼을까요? 자기가 살고 있는 환경에 맞춰서 사느라 그렇답니다. 동물들은 사는 곳이나 먹이에 따라서 크기도 다르고 생김새도 달라요. 앞으로 환경이 바뀌면 또 새로운 환경에 맞춰서 살아갈 거예요.

개구리는 왜 입이 클까요?

개구리는 먹이를 씹지 않고 통째로 삼켜요. 몸에 견주어 입이 크지요. 개구리는 혀도 무척 길어요. 긴 혀를 쭉 뻗어서 눈 깜짝할 새에 먹이를 입으로 가져가지요. 이렇게 먹이를 단숨에 꿀꺽 삼키려면 입이 커야 좋겠지요. 뱀도 개구리처럼 먹이를 씹지 않고 통째로 삼켜요. 뱀은 입을 아주 크게 벌릴 수 있어요. 그래서 커다란 먹잇감도 한입에 삼켜 버리지요.

참개구리

무당개구리들이 물가에서 짝짓기를 하고 있어요.

토끼는 왜 귀가 클까요?

토끼는 제 몸을 지킬 만한 힘이 없어요. 적이 다가오면 얼른 알아채고 재빨리 달아나야 해요. 그래서 토끼는 아주 작은 소리도 들을 수 있는 커다란 귀가 있어요. 토끼가 귀를 쫑긋거리는 것은 어느 쪽에서 나는 소리인지 알려고 그러는 거예요. 토끼는 땀이 안 나는 대신 귀로 체온을 조절해요. 큰 귀를 세우고 달리면 몸에서 나는 열을 귀로 내보낼 수 있어요. 토끼는 잠을 잘 때나 먹이를 먹을 때도 귀를 기울여 소리를 듣지요. 조금이라도 조심하지 않으면 적에게 금세 잡아먹히고 마니까요.

멧토끼

멧토끼 쉼터

다람쥐는 왜 몸집이 작을까요?

다람쥐는 도토리 같은 나무 열매를 먹고 살아요. 나무 위나 틈 사이로 다니면서 먹이를 구하려면 몸집이 작아야 좋지요. 또 바위틈으로 쏙 들어가서 몸집이 큰 동물을 따돌리기도 쉬워요. 다람쥐는 땅속에 굴을 파고 살아요. 새끼를 키우고 잠 자는 방, 먹이 창고, 똥 누는 곳을 따로 두고 들락거려요. 몸집이 작아야 할 수 있는 일이지요.

다람쥐

다람쥐 굴

오리 떼가 강에 모여 있어요.

고니는 왜 목이 길까요?

고니는 하얗고 아름다운 새라고 흔히 백조라고도 해요. 그런데 목이 길어서 불편하지는 않을까요? 고니가 먹이를 찾으려면 목이 길수록 좋아요. 고니는 물가에 살면서 물풀을 뜯어 먹거나 물고기나 조개 따위를 잡아먹어요. 먹이가 없으면 논에 사는 곤충을 잡아먹기도 하지요. 고니가 긴 목을 물속으로 뻗으면 부리가 바닥까지 닿아요. 그래서 먹이가 물속 깊이 있어도 쉽게 찾아 먹을 수 있답니다.

고니

곰은 왜 몸집이 클까요?

　곰은 몸집이 무척 커요. 우리 나라에 사는 반달가슴곰은 몸무게가 120킬로그램쯤 나가지만 북극곰은 몸무게가 670킬로그램이 넘는답니다. 남자 어른 열 명 몸무게를 합친 것과 같아요. 몸집이 큰 만큼 힘도 세요. 곰이 앞발로 내리치면 웬만한 동물은 단숨에 쓰러져요. 그래서 다른 동물들이 함부로 덤비지 못한답니다. 그런데 곰 가운데서도 북극곰은 왜 더 클까요? 추운 북극에 사는 북극곰은 추위를 이겨 내려고 기름을 살갗 밑에 모아 두기 때문에 몸집이 더 크답니다.

반달가슴곰

동물들은 왜 크기가 다를까요?

동물 가운데에는 들쥐처럼 아주 작은 동물도 있지만 코끼리처럼 아주 큰 동물도 있어요.
몸집이 크다고 다 좋은 것도 아니고 작다고 다 나쁜 것도 아니에요.
동물의 크기는 아주 오랜 옛날부터 먹이나 기후에 따라서 바뀌어 왔어요.
동물은 저마다 살아가는 데 알맞은 몸집을 가지고 있어요.

토끼는 왜 몸집이 작을까요?

토끼는 풀을 먹고 살아요. 영양분을 몸속에 흡수하기 위해서 똥을 눈 뒤에 다시 그 똥을 먹어요. 한 번 소화된 것을 다시 먹으니까 먹이가 위 속에서 오래 안 있어도 되지요. 그래서 토끼는 위도 작고 몸집도 작답니다. 우리가 흔히 보는 토끼똥은 바싹 말라 있어요. 다시 눈 똥이기 때문이에요.

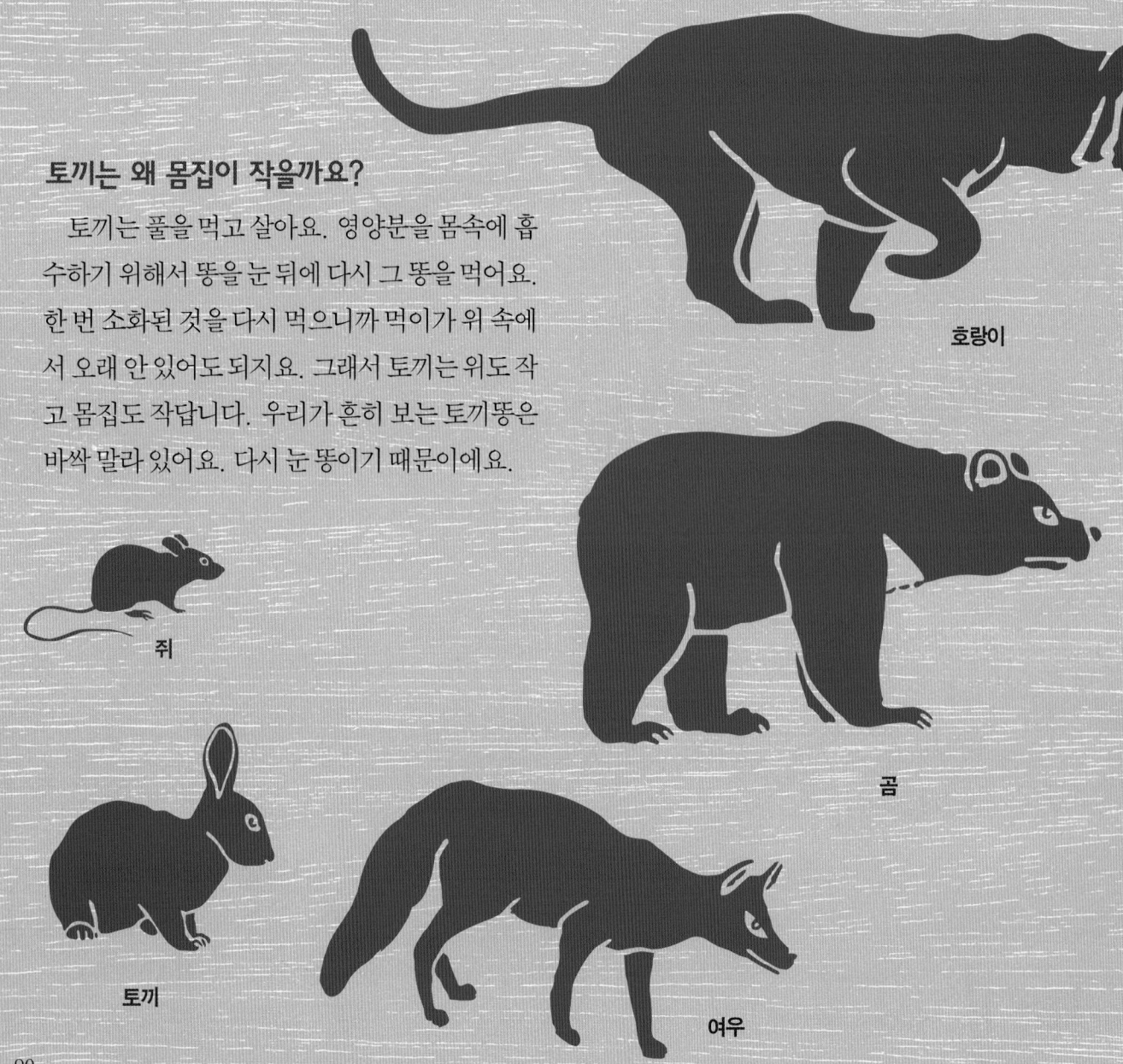

호랑이나 곰은 왜 몸집이 클까요?

다른 동물을 잡아먹고 사는 동물은 힘이 세야 해요. 힘이 세려면 몸집도 커야 하지요. 호랑이나 사자는 날카로운 이와 힘센 앞발로 먹이를 잡아요. 몸집이 큰 동물은 그만큼 많이 먹어야 하니까 멀리까지 먹이를 찾으러 돌아다녀요. 우리 나라에 사는 호랑이는 시베리아에서 왔어요. 시베리아에서 사는 호랑이 가운데에는 몸 길이가 4미터나 되는 것도 있답니다.

뭍에서 가장 큰 동물은 누구일까요?

코끼리가 가장 커요. 코끼리는 몸집은 가장 크지만 풀이나 나뭇잎을 먹고 살아요. 풀이나 나뭇잎은 양분도 적고 소화하는 데 시간도 오래 걸려요. 그래서 필요한 만큼 양분을 얻으려면 많이 먹어야 해요. 그래서 위장도 커지고 몸집도 커졌어요. 코끼리는 풀을 먹고 살지만 몸집이 커서 호랑이나 사자도 함부로 못 덤벼요.

코끼리

먹이에 따라서 동물의 크기가 달라요

여우는 토끼나 들쥐처럼 조그만 동물을 잡아먹고 나무 열매도 먹어요. 아무거나 다 먹으니까 몸집이 크지 않아도 돼요. 대신 작은 동물을 잡는 기술이 뛰어나지요. 들쥐도 아무거나 잘 먹고 몸집이 작아요. 들쥐처럼 먹이를 찾으려고 나무나 돌 틈 사이로 다녀야 하는 동물은 몸집이 작을수록 좋아요. 또 몸집이 작으면 큰 동물이 덮칠 때 돌 틈이나 굴속으로 재빨리 도망가기도 쉽지요.

나는 늑대야. 개과 동물 가운데 가장 커. 멧토끼랑 사슴도 잡아먹어.

나는 북극곰이야. 몸집도 크고 힘도 세서 다른 동물을 잡아먹고 살아.

나는 다람쥐야. 몸집이 작아서 아무 데나 잘 숨어.

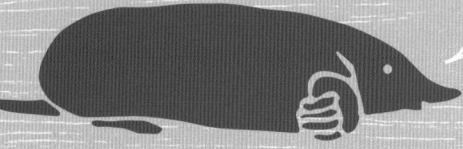

나는 두더지야. 몸이 둥그스름하고 작아서 땅굴을 파기 좋아.

기후에 따라서 동물의 크기가 달라요

 추운 곳에 사는 곰은 따뜻한 곳에 사는 곰보다 몸집이 커요. 추운 곳에 살려면 몸속에 기름을 많이 저장해야 하니까요. 북극곰은 살갗 밑에 기름을 10센티미터나 저장해 두지요. 또 추운 곳에는 나무 열매나 풀이 적어서 다른 동물을 잡아먹어야 해요. 몸집이 크면 힘이 세니까 먹이를 잡기도 쉬워요. 몸집이 크다고 다 좋은 것도 아니고 작다고 다 나쁜 것도 아니에요. 먼 옛날에 살았던 공룡은 지나치게 큰 몸집 때문에 살아남지 못했답니다.

큰 추위가 닥쳐오고 먹이도 모자라서 큰 몸집으로는 살아갈 수가 없었지요. 코끼리 조상은 지금 코끼리보다 훨씬 컸어요. 하지만 코끼리는 몸집이 작은 자손을 남겨서 살아남을 수가 있었어요. 물론 몸집의 크기가 하루 아침에 달라진 것은 아니에요. 먼 옛날부터 지금까지 먹이나 기후나 환경에 맞춰 살면서 조금씩 바뀌어 왔답니다.

동물은 어떻게 겨울을 날까요?

겨울은 동물들이 살기에 무척 힘든 철이에요. 춥고 먹을거리도 얼마 없으니까요.
동물들이 겨울을 나는 방법은 저마다 달라요. 개구리처럼 겨울잠을 자는
동물도 있고, 철새처럼 따뜻한 나라로 떠나는 동물도 있어요.
여우처럼 두툼한 털로 털갈이를 하는 동물도 있지요.

고슴도치는 어떻게 겨울을 날까요?

고슴도치는 겨울잠을 자요. 가을에 벌레나 지렁이, 달팽이 같은 먹이를 잔뜩 먹고 살을 찌워요. 그리고 겨울잠을 자러 들어가요. 곰이나 다람쥐는 겨울에도 체온이 많이 안 떨어져요. 하지만 고슴도치는 체온이 섭씨 0도 가까이 떨어지고 맥박도 뚝 떨어져요. 죽은 듯이 아무것도 먹지 않고 겨우 숨만 쉬면서 잠을 자요. 봄이 되어 날씨가 따뜻해지고 먹을 것이 많아지면 잠에서 깨어나고 체온도 올라가지요.

고슴도치는 가랑잎 더미에서 겨울잠을 자요.

다람쥐는 어떻게 겨울을 날까요?

다람쥐는 땅속에서 겨울잠을 자요. 겨울이 오기 전에 굴을 여러 개 파서 잠자리랑 먹이 창고랑 변소를 따로 만들어요. 잠을 자다가 이따금 깨어나서 먹이 창고에 쌓아 둔 나무 열매나 도토리를 먹고 다시 잠이 들지요.

다람쥐는 땅속에서 겨울잠을 자요.

곰은 어떻게 겨울을 날까요?

곰은 겨울 동안 썩은 나무 속이나 동굴 속에서 웅크리고 잠을 자요. 겨울이 오기 전에 나무 열매나 물고기를 실컷 먹어 두고 겨울 동안은 아무것도 안 먹고 잠만 자지요. 하지만 깊이 잠들지는 않고 꾸벅꾸벅 졸면서 얕은 잠을 자요. 멋모르고 곰이 자고 있는 굴속에 들어가는 동물은 혼이 나요. 보금자리에 누가 오면 곰이 자다가 깨기 때문이에요. 나무꾼들은 이른 봄에 만나는 곰을 가장 무서워한답니다. 곰이 배가 고파서 무척 사나워져 있기 때문이지요.

곰은 굴속에서 겨울잠을 자요.

뱀은 어떻게 겨울을 날까요?

뱀이나 개구리나 남생이는 체온이 바깥 기온에 따라서 올라가고 내려가요. 이런 동물들은 더위나 추위에 무척 약해요. 그래서 한겨울에는 땅속이나 굴속에서 잠을 자요. 더운 지방에서 사는 동물 가운데에는 여름잠을 자는 것도 있어요. 겨울이 오면 뱀은 나무 뿌리 밑이나 바위틈 사이로 들어가요. 한 곳에 수십, 수백 마리씩 엉켜서 자기도 한답니다. 좋은 잠자리를 찾으면 해마다 같은 곳에서 잠을 자요. 개구리는 흙을 파고 들어가거나 물속 돌 틈에서 잠을 자요. 남생이는 날씨가 따뜻해질 때까지 물풀 밑이나 물 밑바닥에서 가만히 웅크리고 잠을 자요.

남생이는 물속 돌 틈에서 잠을 자요.

산개구리는 물 밑바닥에서 잠을 자요.

뱀은 바위틈에 모여서 잠을 자요.

여우는 왜 겨울잠을 안 잘까요?

 겨울잠을 안 자는 동물도 있어요. 여우나 늑대는 아무리 추워도 겨울잠을 안 자요. 아무거나 잘 먹고, 몸에 두툼한 털이 나서 겨울을 잘 이겨 낼 수 있으니까요.

여우는 겨울잠을 안 자는 대신 털갈이를 해요.

물고기의 겨울나기

시냇물도 강물도 꽁꽁 얼어붙으면 물고기도 겨울잠을 자요.
물풀 사이나 돌 틈에서 가만히 있거나, 물 밑에 있는 진흙 속을 파고 들어가기도 하지요.
잠을 자는 동안에는 잘 먹지도 않고 움직이지도 않아요.

붕어는 물풀 사이에서 잠을 자요.

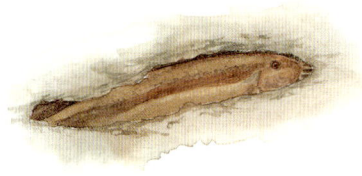

미꾸라지는 물이 마르거나 얼기 전에 물 밑바닥에 흙을 파고 들어가요.

가물치는 진흙 속이나 돌 틈에 들어가서 겨울잠을 자요.

동물은 어디에 알을 낳을까요?

동물은 가까이에 먹이가 많은지, 적에게 안 들킬 만한 곳인지, 알이 햇볕에 안 마를지 잘 살펴서 알 낳을 곳을 찾아요. 알을 낳는 곳이나 알을 지키는 방법은 저마다 달라요. 하지만 알이 살아남게 애쓰는 것은 똑같지요.

개구리는 어디에 알을 낳을까요?

개구리나 두꺼비 같은 양서류는 물속에다 알을 낳아요. 산개구리는 이른 봄에 산 아래 개울이나 무논에 내려와서 짝짓기를 해요. 수십 마리가 웅덩이 한가득 알을 낳아 놓고 다시 산으로 올라가요. 두꺼비는 해마다 같은 곳에서 알을 낳아요. 알 낳을 때가 되면 저수지나 논에 수백 마리가 모여서 짝짓기를 해요.

산개구리 올챙이예요.

산개구리알은 덩어리로 뭉쳐 있어요.

물자라는 어디에 알을 낳을까요?

 물자라처럼 알을 잘 지키는 곤충도 드물어요. 물자라는 알에서 애벌레가 깨어날 때까지 알을 업고 다녀요. 암컷이 수컷 등에다 알을 낳으면 수컷이 알을 업고 다니면서 돌보지요. 알을 업고 다니면 다른 동물들이 쉽게 알을 못 잡아먹어요. 수컷은 가끔 물 밖으로 나와서 바람도 쐬어 주고 햇볕도 쪼여 준답니다. 그러면 애벌레가 빨리 깨어나니까요. 예전에는 논이나 물웅덩이에서 물자라를 쉽게 볼 수 있었는데, 요즘은 농약을 많이 쓰면서 보기가 어려워요.

물자라 암컷은 수컷 등에 알을 낳아요.
수컷은 알을 업고 다녀요.

물자라 수컷

두꺼비알

호랑거미는 어디에 알을 낳을까요?

호랑거미는 거미줄로 알집을 만들어요. 알을 낳으면 알 덩어리를 거미줄로 칭칭 감아서 알집을 만들지요. 그러면 다른 벌레들이 함부로 못 덤벼들어요. 거미알은 거미줄에 매달린 알집 속에서 겨울을 나지요. 이렇게 거미줄로 만든 알집은 아주 질기고 따뜻해서 찬 서리나 눈보라에도 끄떡없답니다.

쇠똥구리는 어디에 알을 낳을까요?

쇠똥구리는 어른벌레나 애벌레나 모두 똥을 먹고 살아요. 그래서 알도 똥 속에다 낳아요. 땅에 구멍을 파서 동그랗게 빚은 똥을 집어 넣고 그 속에다 알을 낳아요. 똥 속에 있는 알이 마르지 말라고 겉을 단단하게 다져 둔답니다. 알에서 깨어난 애벌레가 움직일 수 있도록 똥 속에 방도 만들어 두지요.

쇠똥구리 애벌레가 쇠똥을 먹어요.

사마귀는 어디에 알을 낳을까요?

사마귀는 알을 낳을 때, 작은 나뭇가지에 몸을 거꾸로 세우고 꽁무니로 끈끈한 즙을 내보내요. 이 즙을 마구 문질러서 거품을 일으키지요. 그리고 거품이 마르기 전에 그 속에다 알을 낳아요.

사마귀가 만든 알집이에요.

사마귀

나나니벌은 어디에 알을 낳을까요?

나나니벌은 나무 구멍이나 땅속에 구멍을 뚫어 집을 지어요. 나비나 나방 애벌레를 침으로 찔러 꼼짝 못 하게 한 뒤에 집으로 가져와요. 그리고 애벌레 몸 위에 알을 낳지요. 알에서 깨어난 나나니벌 애벌레들은 나비나 나방 애벌레를 먹으면서 자란답니다.

나나니벌이 애벌레 몸에 알을 낳았어요.

나방 애벌레

호랑거미

쇠똥구리

나나니벌

바닷속에는 무엇이 살까요?

바다에는 많은 생물들이 살아요. 바다 동물들은 깊이에 따라서 사는 곳이 달라요. 얕은 바다에는 무엇이 살까요? 깊은 바닷속에는 무엇이 살까요?

해파리

불가사리

가자미

얕은 바다에는 무엇이 살까요?

얕은 바다는 밑바닥까지 햇빛이 스며들어요. 바닷물 위에는 해파리가 둥둥 떠다니고 얕은 바닷물 속에는 게, 불가사리, 성게, 산호 따위가 살아요. 바닷말도 잘 자라지요. 가자미같이 바다 밑바닥에서 사는 물고기들은 몸 색깔이 둘레에 있는 바위나 해초의 색깔과 비슷해요. 적이 나타나면 몸 색깔을 바꾸어 버리지요. 뭍에서 멀리 떨어진 바다에도 온갖 물고기가 살아요. 물 속으로 200미터 깊이까지는 대구, 청어, 고등어, 다랑어, 상어 같은 크고 작은 물고기들이 살고 있어요. 이런 물고기는 깊은 곳과 얕은 곳을 오르내리면서 살지요.

깊은 바닷속에는 무엇이 살까요?

바닷속은 깊이 내려갈수록 점점 어둡고 추워져요. 수압도 무척 세요. 깊은 곳에는 먹을 것이 적고 바닷말도 안 자라요. 물고기들은 위에서 떨어지는 부스러기를 먹거나 흙 속을 뒤져서 먹이를 찾아요. 초롱아귀는 머리 위에 달려 있는 초롱에서 빛을 내어 불빛에 이끌려서 다가오는 물고기를 잡아먹지요. 깊은 바닷속에는 눈이 아주 좋은 물고기도 있지만 앞을 아예 못 보는 것도 있어요. 깊은 바다에 대해서는 아직까지 모르는 것이 많아요. 지금도 깊은 바다에 대해서 많이 연구하고 있답니다.

우리 나라 바다에는 무엇이 살까요?

 우리 나라는 동쪽, 서쪽, 남쪽이 모두 바다로 둘러싸여 있어요.
동해는 물이 차고 깊어요. 서해는 물이 얕고 갯벌이 넓어요. 남해는 겨울에도 물이 따뜻하지요.
바다에 따라서 사는 물고기도 달라요.

동해 동해는 물이 차고 깊어서 찬물을 좋아하는 물고기가 많이 살아요.
밀물과 썰물의 차이가 작아서 갯벌이 없어요.
동해에서 많이 나는 물고기는 시장에 가면 쉽게 볼 수 있어요.

방어

도루묵

임연수어

꽁치

고등어

가자미

남해 남해는 크고 작은 섬이 아주 많아요. 김이나 굴, 다시마 같은 바닷말을 많이 길러요.
겨울에도 날이 따뜻해서 물고기가 알을 낳기 좋아요.

넙치

우럭

까나리

서해 서해는 물이 얕고 따뜻해요. 물빛도 동해와 달리 누런 빛을 띠어서 황해라고도 해요.
밀물과 썰물의 차이가 커서 물이 빠지면 넓은 갯벌이 드러나요.
갯벌에서 사는 생물은 아주 많아요.

칠게

그물무늬금게

검은띠불가사리

피조개

바지락

주꾸미

뿔두드럭고둥

소라

24 바다 동물의 공생 | 우리는 돕고 살아

바다 동물은 어떻게 서로 도울까요?

바닷속에는 아주 많은 동물들이 살고 있어요.
바닷속 동물들도 땅 위에 사는 동물들처럼 먹고 먹히면서
살아가요. 하지만 서로 돕고 사는 동물도 있어요.
서로 힘을 모아서 지켜 주고 먹이도 함께 찾아요.

공생이란 무엇일까요?

서로 다른 생물끼리 도움을 주고받으며 사는 것을 공생이라고 해요. 식물과 곤충도 서로 돕고 살아요. 꽃은 벌이나 나비에게 꿀을 주고, 벌이나 나비는 꽃이 씨앗을 맺을 수 있도록 꽃가루를 날라 주지요. 곤충끼리 돕고 살기도 해요. 개미는 진딧물을 지켜 주고 진딧물은 개미에게 단물을 나눠 주어요. 바닷속 동물도 서로 돕고 살아요. 어떻게 서로 돕고 살까요?

집게는 고둥 껍데기를 집으로 삼고 살아요.

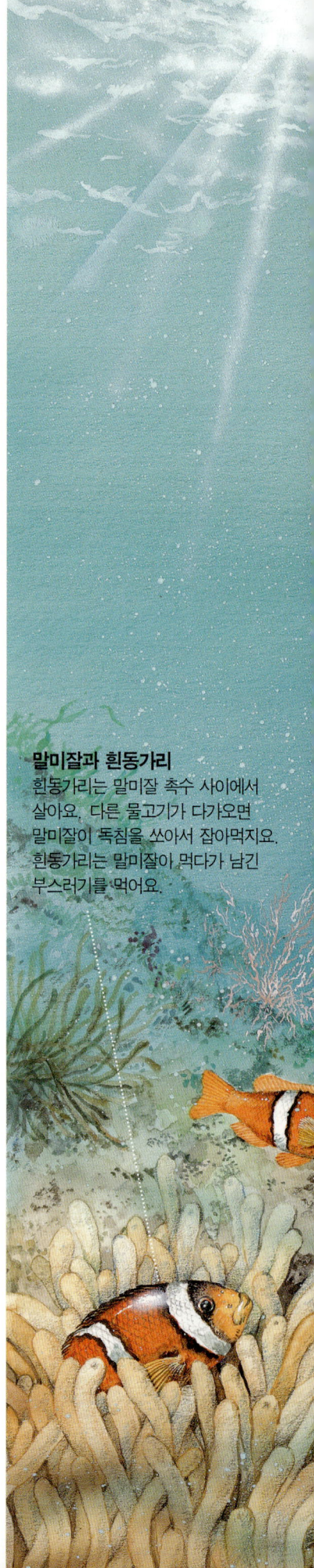

말미잘과 흰동가리
흰동가리는 말미잘 촉수 사이에서 살아요. 다른 물고기가 다가오면 말미잘이 독침을 쏘아서 잡아먹지요. 흰동가리는 말미잘이 먹다가 남긴 부스러기를 먹어요.

따개비는 어디에 붙어서 살까요?

따개비는 갯바위에 붙어 살아요. 바위뿐만 아니라 말뚝이나 배 밑창 같은 곳에도 달라붙어요. 살아 있는 고둥이나 홍합 껍데기에도 붙어 살아요. 물이 빠졌을 때는 뚜껑을 꼭 닫고 있다가 물이 들어오면 뚜껑을 열고 갈퀴 같은 발을 내밀어서 물에 떠다니는 플랑크톤을 걸러 먹어요.

여러 가지 따개비

빨강따개비

고랑따개비

검은큰따개비

따개비가 붙어사는 생물

따개비와 굴

따개비와 보말고둥

따개비와 눈알고둥

따개비와 홍합

속살이게는 어디에서 살까요?

속살이게는 서해와 남해의 얕은 바다에서 살아요. 새조개는 조가비 밖으로 내민 발 모양이 새 부리 같아서 새조개라고 해요. 속살이게는 조개 속에서만 살기 때문에 눈과 다리는 거의 쓸모가 없어요. 속살이게는 새조개뿐만 아니라 가리비, 굴, 바지락, 해삼의 몸속에 들어가서 같이 살지요. 새조개는 속살이게와 살면서 이로운 것도 없고 해로운 것도 없어요. 이렇게 어느 한쪽만 도움이 되는 공생도 있어요.

새조개와 속살이게

민물고기의 공생

흰줄납줄개는 살아 있는 민물조개의 몸속에 알을 낳아요. 알 낳을 때가 되면 수컷은 알을 낳기에 알맞은 조개를 찾아내고 암컷을 기다리지요. 암컷은 길게 늘어난 산란관을 조개 속에 넣고 빨리 알을 낳아요. 알에서 깨어난 흰줄납줄개는 조개 밖으로 나가 스스로 먹이를 구할 때까지 민물조개 속에서 안전하게 보호를 받아요.

흰줄납줄개 암컷과 수컷이에요. 암컷은 산란관이 길게 나왔어요.

집짐승은 어떤 일을 할까요?

사람이 집에서 기르는 짐승을 집짐승이라고 해요.
집짐승은 저마다 하는 일이 달라요. 농사도 도와주고 짐도 날라 주어요.
고기를 얻으려고 기르기도 하고, 젖이나 알을 얻으려고 기르기도 해요.

왜 짐승을 기르게 되었을까요?

사람들은 짐승을 길들여서 농사일을 거들게 했어요.
또 사냥을 하는 것보다 짐승을 길러서 고기를 얻는 것이 더 쉽다는 것도 알게 되었어요.
그래서 들이나 산에서 살던 짐승을 길들이기 시작했답니다.

소

집짐승한테서 무엇을 얻을까요?

사람은 고기나 알이나 젖을 얻으려고 집짐승을 길러요. 양이나 젖소한테서는 우유를 얻고 닭이나 소나 토끼한테서는 고기를 얻지요. 닭한테서는 달걀도 얻어요. 또 옷이나 이불을 만들려고 양이나 토끼를 기르기도 해요. 짐승 털은 따뜻해서 추위를 잘 막아 주지요. 요즘에는 털을 얻으려고 거위나 오리를 많이 기른답니다.

집짐승은 어떤 일을 할까요?

옛날 사람들은 소를 무척 귀하게 여겼어요. 사람 손으로 밭이나 논을 갈려면 힘도 들고 시간도 많이 걸려요. 하지만 소는 쟁기를 끌고 넓은 논밭을 푹푹 갈아 주지요. 말이나 당나귀도 마찬가지예요. 무거운 짐을 나르고 사람들을 먼 곳까지 태워다 주지요. 낙타는 물이 없는 뜨거운 사막에서도 짐을 날라요. 타이 같은 나라에서는 코끼리가 숲에서 베어 낸 나무를 나르지요. 에스키모는 개를 길들여서 썰매를 끌게 해요. 요즘은 짐승을 잘 안 부리지만 교통이 불편한 곳에서는 여전히 사람들에게 큰 힘이 되고 있어요.

닭

돼지

집짐승은 어떻게 달라졌을까요?

집짐승은 예전보다 젖이 훨씬 많이 나오고 알도 많이 낳게 되었답니다. 예전에 젖소는 송아지를 한 마리 기를 수 있을 만큼만 젖이 나왔는데, 이제는 송아지를 예닐곱 마리나 기를 수 있을 만큼 젖이 많이 나와요. 집에서 기르는 닭은 한 해에 30개쯤 알을 낳았는데 요즘 기르는 닭은 훨씬 더 알을 많이 낳아요.

생김새는 어떻게 달라졌을까요?

사람이 기르면서 집짐승은 생김새도 많이 달라졌어요. 말은 잘 달리고 짐을 많이 나를 수 있게 몸집이 커졌지요. 소도 고기로 먹을 수 있는 넓적다리가 굵어지고 살집이 좋아졌어요. 닭이나 오리도 몸집이 커졌지요.

개

집에서 기르는 곤충

사람들은 곤충도 집에서 길러 왔어요.
누에는 비단을 얻으려고 3천 년 전부터 길러 왔어요.
조선 시대에는 나라에서 누에 치는 곳을 따로
두기도 했어요. 꿀벌은 꿀을 얻기 위해 오래전부터
길러 왔어요. 꿀벌은 토종벌과 양봉 꿀벌이 있어요.
토종벌은 한 해에 한 번 꿀을 딸 수 있어요.
양봉 꿀벌은 한 해에 여러 번 꿀을
딸 수 있어요. 벌집에서 밀랍을 뽑아
초를 만들어 쓰기도 해요.

꿀벌

누에

성질은 어떻게 달라졌을까요?

집짐승은 성질도 많이 온순해졌답니다. 돼지는 산에 살던 멧돼지를 길들인 것인데 지금은 거친 성질이 많이 없어졌어요. 집이나 양을 지키는 개도 옛날에는 산이나 들에서 살았는데 길들이면서 성질이 순해졌지요. 하지만 이렇게 사람이 기른 뒤로 짐승들은 환경에 적응하는 힘이 떨어지고 병을 이겨 내는 힘도 약해졌어요. 그래서 집짐승을 기르려면 먹이도 제때에 주고 우리도 깨끗하게 치워 주어야 해요.

고양이

말

26 바다 동물의 자기 보호 | 재주 많은 물고기

바다 동물은 어떻게 제 몸을 지킬까요?

몸집이 작고 힘이 없는 동물들은 늘 적에게 쫓기면서 살아요. 그렇다고 모두 잡아먹히지는 않아요. 저마다 제 몸을 지키는 길이 있으니까요. 바닷속에 사는 동물과 갯벌에 사는 동물은 제 몸을 어떻게 지킬까요?

바다에서 사는 동물은 어떻게 제 몸을 지킬까요?

작고 힘이 없는 동물들은 늘 잡아먹힐 위험이 있어요. 그래서 저마다 제 몸을 지키는 재주를 지니게 되었지요. 문어는 몸 색깔을 둘레 색깔과 똑같이 바꿀 수 있어요. 적이 나타나면 가까운 바위틈에 숨어요. 몸 색깔을 바꾸면 바위인지 문어인지 얼른 알아볼 수 없어요. 가자미도 몸 색깔을 마음대로 바꾸어요. 하얀 모래밭에서는 몸 색깔이 하얗다가 자갈밭에 가면 거무스름하게 바뀌지요. 또 가오리는 전기를 내어서 적이 놀란 틈에 얼른 달아나요. 이렇게 바닷속에 사는 동물들은 저마다 살아남으려고 애쓴답니다.

농게는 위험을 느끼면 뻘 속 구멍으로 숨어요.

문어
헤엄을 잘 못 쳐요. 적이 나타나면 몸 색깔이나 모양을 바꾸지요. 둥그런 배에 혹이 불거지는 것도 있어요. 꼭 우툴두툴한 바위같이 보이지요. 시커먼 먹물도 뿜어요.

고등어
등은 파랗고 배는 하얗지요. 하늘에서 내려다보면 파란 바닷물과 구별이 안 되고 물 밑에서 올려다보면 햇빛에 비쳐서 잘 안 보여요. 또 떼를 지어 다녀요. 그러면 적이 쉽사리 덤비지 못하지요.

오징어
위험에 빠지면 시커먼 먹물을 뿜어 대요. 적이 앞을 못 보고 쩔쩔매는 틈에 얼른 달아나지요. 또 눈 깜짝할 새에 몸 색깔을 둘레 색깔과 똑같이 바꿀 수 있어요.

전기가오리
제 몸을 지키려고 전기를 내요. 적이 가까이 오면 전기를 내어서 깜짝 놀라게 해 놓고 달아나지요.

가자미
몸 색깔을 마음대로 바꿀 수 있어요. 몸도 납작해서 모래 바닥에 엎드려 있으면 모래인지 가자미인지 몰라요. 모래 속에 몸을 숨기고 눈만 내놓은 채 둘레를 살피지요.

갯벌에서 사는 동물은 어떻게 제 몸을 지킬까요?

갯벌은 흙과 모래가 쌓이고 또 쌓여서 이루어진 바다 들판이에요. 갯벌에는 수없이 많은 생물이 살고 있어요. 갯벌에 사는 동물도 바닷속에 사는 동물처럼 자기 몸을 지키는 방법이 있지요. 방게나 농게는 뻘 속에 굴을 파고 살아요. 사람이 다가가면 멀리서도 알아채고 잽싸게 굴속으로 숨어 버려요. 개불도 굴을 파고 사는데, 아주 깊이 살아요. 갯지렁이는 모래나 자갈 따위로 관을 만들어서 살아요. 모래 갯벌에 가 보면 대롱처럼 솟아 있는 갯지렁이 관을 볼 수 있어요. 갯지렁이는 관을 들락날락하면서 먹이를 찾다가 위험을 느끼면 얼른 관 속으로 들어가요.

농게
말뚝망둥어
가재붙이
갯지렁이

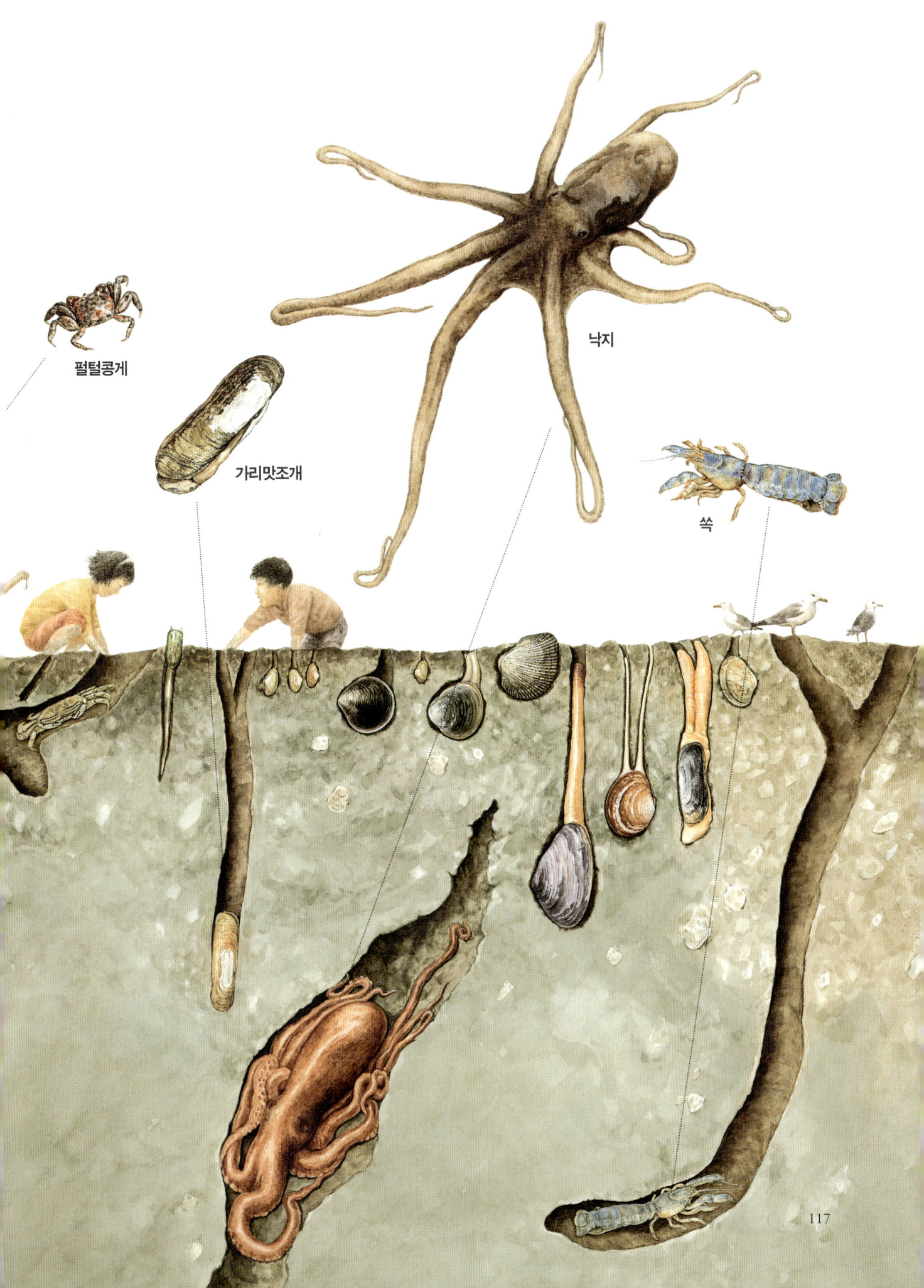

동물은 어떻게 제 몸을 지킬까요?

힘이 없거나 몸집이 작은 동물도 나름대로 제 몸을 지키는 방법이 있어요. 자기를 잡아먹으려는 동물이 나타나면 숨거나 얼른 달아나지요. 죽은 체를 하기도 하고 날카로운 가시로 자기를 지키기도 해요. 딱딱한 등딱지 속에 몸을 숨기기도 해요. 이렇게 동물들이 제 몸을 지키는 방법은 여러 가지예요.

고슴도치는 어떻게 제 몸을 지킬까요?

고슴도치는 온몸에 날카로운 가시가 나 있어요. 보통 때는 가시를 눕히고 있지만 적이 다가오면 몸을 동그랗게 말아서 가시를 곤두세우지요. 가시가 뾰족해서 찔리면 매우 아파요. 고슴도치 가시에 한번 찔려 본 동물은 머뭇거리다가 피해 간답니다. 한번 박히면 뽑아 낼 수도 없어요. 밤송이처럼 웅크린 채 꼼짝 않고 있거나 데굴데굴 굴러서 달아나기도 해요. 가시는 빠지거나 부러지면 다시 나요.

고슴도치

고슴도치가 몸을 밤송이처럼 웅크렸어요.

거북은 어떻게 제 몸을 지킬까요?

남생이, 자라, 붉은귀거북 같은 거북 무리는 튼튼한 등딱지를 갖고 있어요. 속살이 연하기 때문에 상처를 입기 쉬워요. 그래서 딱딱한 등딱지 밑에 보드라운 몸을 감추고 있답니다. 위험이 닥치면 머리와 꼬리와 발을 모두 등딱지 안으로 움츠려 넣고 제 몸을 지켜요. 아무리 날카로운 발톱이나 이빨도 거북의 등딱지를 못 뚫어요. 등딱지는 몸이 자라면 같이 자라요. 상처를 입더라도 곧 아물지요.

남생이

남생이가 등딱지 속에 몸을 숨겼어요.

족제비는 어떻게 제 몸을 지킬까요?

족제비는 지독하게 구린 냄새를 풍겨서 적을 놀라게 해요. 적이 놀라서 머뭇거리는 사이에 멀리 달아나요. 족제비는 똥구멍에서 냄새를 내뿜는데 3~4미터 앞까지 뿜을 수 있답니다. 족제비의 방귀 냄새를 맡아 본 동물은 아예 멀찌감치 피해 가지요.

족제비는 꼬리를 치켜들고 방귀를 뀌어요.

도마뱀은 어떻게 제 몸을 지킬까요?

 도마뱀은 위험이 닥치면 제 꼬리를 끊고 달아나요. 떨어진 꼬리는 살아 있는 듯이 얼마 동안 땅바닥에서 꿈틀꿈틀 움직여요. 적이 놀라서 머뭇거리는 사이에 얼른 달아나지요. 꼬리는 천천히 다시 생기는데 새로 난 꼬리는 다시 못 끊어요. 또 도마뱀은 몸 색깔을 둘레 색깔과 비슷하게 바꾸면서 제 몸을 지키기도 하지요.

도마뱀

도마뱀이 꼬리를 끊었어요.

토끼는 어떻게 제 몸을 지킬까요?

 토끼는 제 몸을 지키기 위해서 재빨리 달아나는 방법밖에 없어요. 그래서 언제나 작은 소리에도 귀를 기울이고 있지요. 귀가 유난히 큰데 귀를 이리저리 돌릴 수 있고 아주 작은 소리까지 다 들을 수 있어요. 큰 귀를 이리저리 움직이면서 둘레를 살피다가 바스락거리는 소리만 나도 잽싸게 달아나지요. 눈도 얼굴 양옆에 붙어 있어서 뒤까지 볼 수 있어요.

멧토끼

멧토끼가 재빨리 뛰어가요.

너구리는 어떻게 제 몸을 지킬까요?

너구리는 죽은 체해서 적을 속여요. 너구리는 둔해서 적이 가까이 올 때까지 잘 알아채지 못한답니다. 그러다가 적이 나타나면 나무 위로 기어 올라가요. 하지만 달아날 틈조차 없을 때는 그 자리에 누워서 죽은 척해요. 적은 가까이 다가와서 냄새를 맡다가 죽은 줄 알고 가 버리지요. 살아있는 먹이를 찾는 동물은 죽은 동물 따위는 거들떠보지도 않으니까요. 너구리는 죽은 듯이 가만히 있다가 때를 봐서 재빨리 달아나요.

너구리

개구리는 어떻게 제 몸을 지킬까요?

무당개구리는 적을 만나면 네 다리를 바짝 치켜들고 빨간 배를 드러내요. 독이 있으니 잡아먹지 말라는 거예요. 두꺼비는 우툴두툴한 등에서 독을 뿜어 내서 제 몸을 지켜요.

두꺼비

무당개구리

올챙이가 어떻게 개구리로 자랄까요?

봄이 되면 개구리는 짝을 짓고 알을 낳으려고 물가로 모여들어요.
수컷은 큰 소리로 울다가 암컷이 다가오면 암컷 등에 올라타요.
알을 낳고 사나흘이 지나면 올챙이가 나와요. 올챙이는 자라서 개구리가 되지요.

❶ 개구리가 알을 낳고 있어요.
❷ 개구리알이에요.
❸ 올챙이가 알에서 깨어났어요.
❹ 뒷다리가 나왔어요.

올챙이와 개구리는 무엇이 다를까요?

개구리는 물속에다 알을 낳아요. 개구리알은 껍질이 없고 말랑말랑해서 물기가 없는 곳에 두면 금세 말라 버려요. 그래서 알이 마르지 않도록 물속에다 알을 낳아요. 알에서 깨어난 올챙이는 물고기처럼 아가미로 숨을 쉬고 꼬리로 헤엄을 쳐요. 그러다가 다리가 나오고 아가미가 사라지면 땅 위로 올라와요. 개구리가 되면 숨 쉬는 방법이 달라져요. 개구리는 허파와 살갗으로 숨을 쉬어요. 먹이도 달라지지요. 올챙이는 물풀이나 이끼를 뜯어 먹고 살지만, 다 큰 개구리는 살아 있는 벌레를 잡아먹고 살아요.

❼ 개구리가 되었어요.
❻ 꼬리가 점점 줄어들어요.
❺ 앞다리도 나왔어요.

개구리는 어떻게 울까요?

개구리는 저마다 울음소리가 달라요. 무당개구리는 '후우후우', 산개구리는 '호로로롱', 금개구리는 '쯔쯔 끼이익', 맹꽁이는 '맹 맹 꽁 꽁' 하고 울지요. 개구리는 수컷만 울어요. 개구리마다 우는 모습도 달라요. 청개구리와 황소개구리는 턱 아래에 큰 울음주머니가 있어요. 참개구리는 양 볼에 울음주머니가 있어요. 무당개구리나 금개구리처럼 울음주머니 없이 턱을 불룩거리면서 우는 것도 있어요.

청개구리는 울음주머니를 불룩하게 부풀려서 울어요.

참개구리는 양 볼에 울음주머니가 있어요.

개구리는 어떻게 헤엄을 칠까요?

개구리는 헤엄칠 때 앞다리를 몸에 붙이고 뒷다리를 오므렸다 폈다 해요. 뒷다리에는 물갈퀴가 있어서 헤엄을 치기 좋아요. 뒷다리를 모으고 쭉쭉 뻗으면 앞으로 힘차게 나가요. 또 물속에서는 아래 눈꺼풀이 위로 올라가서 눈을 덮어요. 마치 물안경을 쓴 것처럼 물속에서도 잘 볼 수 있어요.

참개구리가 헤엄을 쳐요.

개구리는 어떻게 짝짓기를 할까요?

개구리는 울음소리로 짝을 불러요. 암컷이 수컷 울음소리를 듣고 찾아와요. 소리가 크고 우렁찰수록 좋아해요. 몸집이 작은 수컷이 암컷 등에 올라가서 짝짓기를 해요. 이렇게 짝짓기를 마치면 알 낳기 좋은 곳을 찾아가서 알을 낳아요.

무당개구리가 짝짓기를 해요.

산개구리가 짝짓기를 해요.

개구리는 어떻게 겨울잠을 잘까요?

개구리는 기온이 바뀌면 체온도 달라져요. 그래서 날씨가 추워지면 움직이지 못하고 땅속이나 물속에서 겨울잠을 잔답니다. 겨울잠을 잘 때는 허파로 숨 쉬지 않고 살갗으로만 숨 쉬면서 아무것도 안 먹어요.

맹꽁이는 땅속에서 겨울잠을 자요.

거미는 어떻게 살아갈까요?

거미는 농사에 해로운 벌레를 잡아먹는 고마운 벌레예요.
거미는 어떻게 벌레를 잡아먹고 살까요?
거미는 어떻게 알을 낳고 살까요?

거미는 어떻게 먹이를 잡을까요?

거미는 거미줄을 쳐서 벌레를 잡아요. 거미줄을 치는 방법이나 거미줄의 생김새는 거미마다 달라요. 무당거미나 호랑거미는 나뭇가지 사이에 둥글게 거미줄을 쳐요. 거미줄을 안 치고 독이 있는 엄니로 벌레를 잡는 거미도 있어요. 꽃게거미는 꽃 뒤에 숨어 있다가 꽃을 찾아온 벌레를 덮치지요. 또 늑대거미는 땅을 기어 다니면서 먹이를 잡아요.

사마귀

호랑나비

거미는 고마운 벌레예요

거미는 해로운 벌레를 잡아먹는 고마운 벌레랍니다. 그래서 거미가 많이 사는 논에는 농약을 안 쳐도 해충이 적어요. '아침에 거미를 보면 재수가 좋다'는 말도 거미가 이로운 벌레이기 때문에 생겨난 말이겠지요. 그러니까 거미를 잘 이용하면 해로운 농약을 마구 치지 않아도 나쁜 벌레를 없앨 수 있을 거예요.

거미는 어떻게 거미줄을 칠까요?

　거미는 꽁무니에서 실을 뽑아 거미줄을 쳐요. 끈적거리는 실과 안 끈적거리는 실을 엮어서 거미줄을 치지요. 또 거미 다리에서는 기름이 나와서 거미줄에 안 들러붙어요. 하지만 거미줄에 걸린 벌레들은 발버둥을 칠수록 거미줄에 더 들러붙어요. 거미는 벌레가 달아나려고 하면 부리나케 실띠로 먹이를 휘감아 버려요. 그러면 큰 벌레도 꼼짝 못하지요. 거미는 먹이가 걸리면 달려나와서 날카로운 엄니로 먹이를 찌른 다음에 벌레의 즙을 빨아 먹어요.

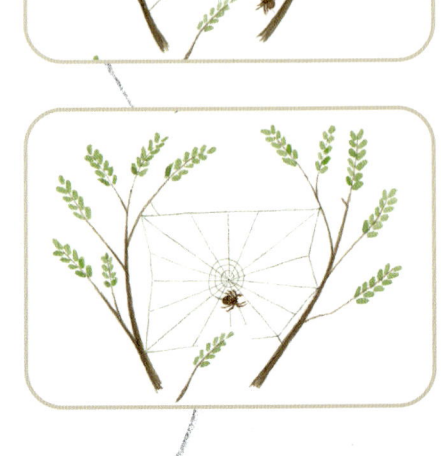

거미는 어떻게 알을 낳을까요?

거미는 여름부터 가을 사이에 짝짓기를 해요. 짝짓기를 하고 나면 알을 낳고 거미줄로 알을 싸지요. 다른 곤충들은 보통 알에서 번데기가 되었다가 어른벌레가 되어요. 하지만 거미는 번데기를 안 거쳐요. 거미 가운데에는 알에서 깨어나자마자 혼자 살아가는 것도 있고, 혼자 살 수 있을 때까지 어미를 따라다니는 것도 있어요. 늑대거미는 새끼가 깨어나면 이레쯤 등에 업고 다닌다고 해요. 새끼거미는 혼자 살 때가 되면 풀이나 나뭇가지 끝에 기어 올라가서 실을 내뿜어요. 새 보금자리를 찾아서 실을 타고 바람에 날아가요.

호랑거미와 알집

거미는 어떻게 생겼을까요?

거미는 곤충이 아니에요. 곤충은 몸이 머리, 가슴, 배로 나뉘어 있지만 거미는 몸이 머리와 가슴배로 나뉘어 있어요. 또 곤충은 더듬이가 한 쌍 있고 다리가 세 쌍이지만, 거미는 더듬이도 없고 다리도 네 쌍이에요. 곤충과 달리 날개도 없지요.

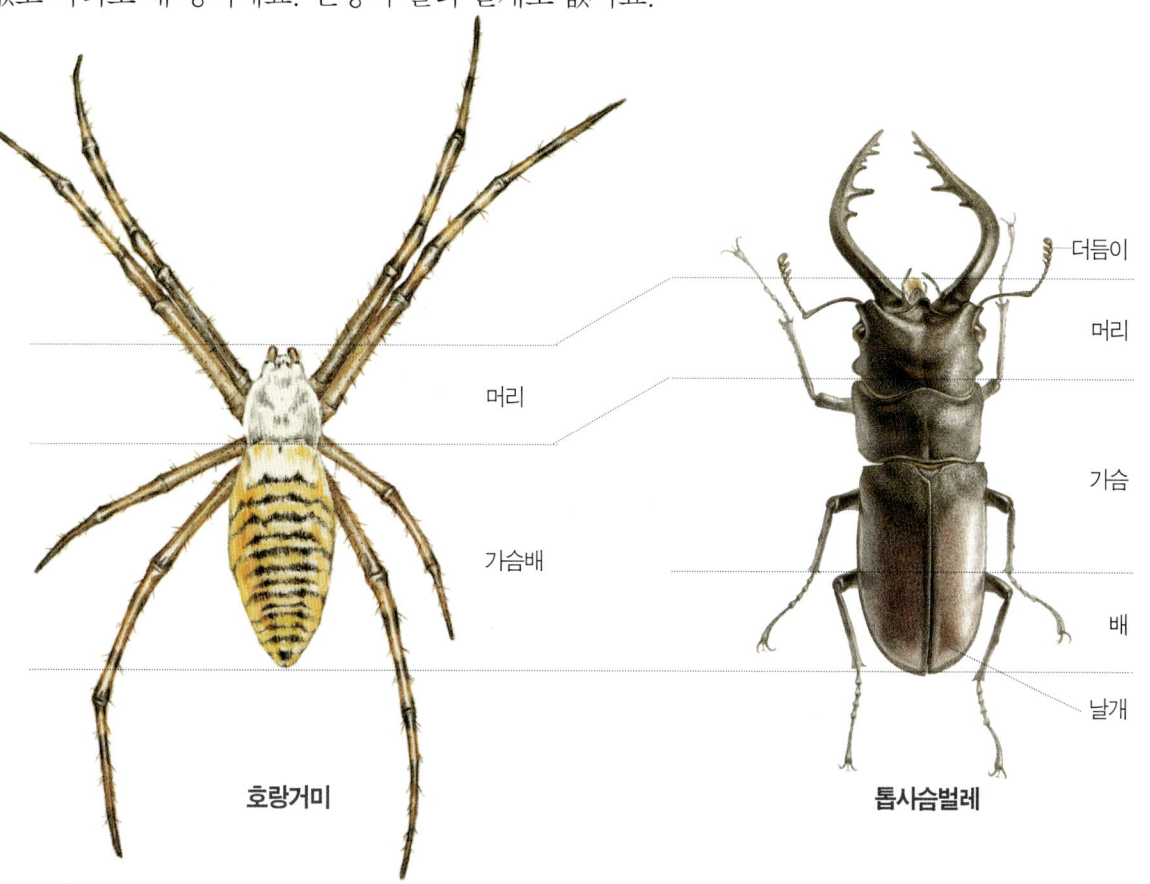

호랑거미   **톱사슴벌레**

동물은 어떻게 자손을 남길까요?

동물은 저마다 자손을 남기는 방법이 달라요. 알을 낳기도 하고 새끼를 치기도 하지요.
방법은 달라도 저마다 자손을 남기려고 애쓴답니다. 사람도 마찬가지예요.
사람이나 동물이나 끊임없이 자손을 남기며 지구에서 살아왔답니다.

거북은 어떻게 알을 낳을까요?

뱀이나 거북과 같은 파충류는 대부분 알을 낳아요. 거북은 알을 물에 안 낳고 마른 땅이나 모래밭에 낳아요. 뭍에다 알을 낳으려면 단단한 알 껍데기가 있어야 해요. 그래야 물기가 없어도 알이 잘 안 마르고, 바깥 기온이 달라져도 크게 상관이 없겠지요. 뱀이나 도마뱀 가운데에는 알 대신 새끼를 낳는 것도 있답니다.

개구리는 어떻게 알을 낳을까요?

개구리나 두꺼비 같은 양서류도 알을 낳아요. 개구리알은 속이 훤히 보이고 말랑말랑해요. 산개구리알은 막 낳았을 때는 조그만 덩어리인데 물을 머금으면서 점점 커져요. 알 덩어리가 축구공만큼 큰 것도 있어요. 맹꽁이알은 덩어리가 안 지고 한 알 한 알 물에 동동 떠 있어요. 두꺼비는 아주 길다란 알주머니를 낳아서 물풀에 감아 놓아요. 개구리는 셀 수 없을 만큼 많은 알을 한 번에 낳아요. 하지만 자라서 개구리가 되는 것은 몇 안 되지요.

개구리는 물속에 알을 낳아요.
물속에서는 알이 안 마르니까요.

거북은 알 낳을 때가 되면 뭍으로 올라와요.
구멍을 파고 알을 낳은 다음에 모래로 다져 두지요.

참새알은 껍질이 단단해요.

참새는 어떻게 알을 낳을까요?

새는 날아다니기 때문에 몸이 가벼워야 해요. 그래서 깃털도 뼈도 무척 가벼워요. 그런데 뱃속에 새끼가 있으면 몸이 무거워서 잘 날 수가 없겠지요. 참새도 파충류처럼 껍질이 단단한 알을 낳아요. 하지만 파충류하고는 달리 새끼가 깨어날 때까지 알을 따뜻하게 품어 줘요. 병아리는 암탉이 21일쯤 품어 주어야 알에서 깨어난답니다.

암탉이 달걀을 품어 주면 병아리가 깨어나요.

다람쥐는 어떻게 새끼를 낳을까요?

다람쥐나 소처럼 젖을 먹이는 짐승은 새끼를 낳아요. 어미 뱃속에서 오랫동안 키워서 낳은 다음에 젖을 먹여 키우지요. 그래서 어떤 동물보다도 안전하게 새끼를 지킬 수 있어요. 이런 동물을 젖먹이동물이라고 해요. 어미 뱃속에 있는 동안에 새끼는 어미와 탯줄로 이어져 있어요. 어미는 새끼한테 탯줄로 영양분을 보내 주지요. 젖먹이동물은 알을 낳는 동물에 비해 잘 살아남아서 새끼를 많이 안 낳는답니다.

다람쥐는 오랫동안 안전한 어미 뱃속에서 자라다가 태어나요.

박쥐도 새끼를 낳아요.
젖을 먹여서 길러요.

박쥐는 어떻게 새끼를 낳을까요?

박쥐는 날아다니는 젖먹이동물이에요. 그래서 새처럼 알을 안 낳고 다람쥐처럼 새끼를 낳아서 길러요. 박쥐는 가을에 짝짓기를 하고 이듬해 6~7월에 새끼를 낳아요. 박쥐는 새끼를 한 해에 한 번, 한두 마리씩 낳아요. 새끼는 혼자 살 수 있을 때까지 어미젖을 먹고 자라요.

돌고래는 어떻게 새끼를 낳을까요?

돌고래는 바다에서 살지만 새끼를 낳아서 젖을 먹여 기르는 젖먹이동물이랍니다. 그래서 물고기는 아가미로 숨을 쉬지만, 돌고래는 허파로 숨을 쉬어요. 돌고래는 한 해에 한 마리씩 물속에서 새끼를 낳아요. 새끼는 어미 배 아래쪽에 붙은 젖꼭지에서 젖을 빨아 먹으면서 자라요. 새끼는 태어나자마자 숨 쉬는 법을 배우고 물 위로 떠오르는 법을 배우지요.

돌고래도 젖먹이동물이에요.

동물은 무엇을 먹고 살까요?

동물은 먹이가 다 달라요. 식물을 먹는 초식 동물도 있고, 고기를 먹는 육식 동물도 있고, 이것저것 가리지 않고 먹는 잡식 동물도 있어요. 저마다 좋은 먹이를 찾아서 먹고 살아요.

반달가슴곰

쇠똥구리

쇠똥구리는 무엇을 먹고 살까요?

쇠똥구리는 말똥이나 쇠똥을 먹고 살아요. 쇠똥이나 말똥에는 덜 소화된 풀과 영양분이 들어 있어요. 쇠똥구리는 똥을 경단처럼 빚어서 알을 낳아요. 쇠똥구리 애벌레도 똥을 먹고 자라요.

곰은 무엇을 먹고 살까요?

우리 나라 반달가슴곰은 이것저것 다 먹어요. 물고기도 잡아먹고 고구마나 풀뿌리도 캐 먹고 곤충도 잡아먹지요. 꿀을 좋아해서 꿀벌들이 열심히 모아 놓은 꿀을 훔쳐 먹기도 해요. 가을에는 겨울잠을 자려고 도토리나 벌레를 엄청 먹어요. 북극곰은 바다표범이나 여우나 물고기 따위를 잡아먹고 살아요.

다람쥐

다람쥐는 무엇을 먹고 살까요?

다람쥐는 도토리나 솔씨나 잣 같은 나무 열매나 풀씨를 먹고 살아요. 애벌레나 개미도 먹어요. 다람쥐는 앞니가 줄곧 자라나요. 그래서 나무를 쏠거나 딱딱한 열매를 갉아 먹어요. 먹이를 찾으면 두 뺨이 볼록해지도록 넣고 바위나 나무 그루터기로 가서 먹어요.

새들은 무엇을 먹고 살까요?

독수리나 매는 뱀이나 쥐 같은 작은 동물을 잡아먹고 살아요. 그래서 발톱과 부리가 날카롭고 튼튼하지요. 이가 없으니까 먹이를 그대로 삼켰다가 소화가 안 되는 뼈나 털은 도로 뱉어 내요. 참새나 멧새는 곤충을 잡아먹기도 하고 나무 열매나 곡식이나 풀씨 따위를 먹기도 해요. 참새 뱃속에는 모래주머니가 있어요. 참새가 먹이와 함께 삼킨 모래나 작은 돌멩이는 먹이를 잘게 부수고 소화를 도와주지요.

노랑턱멧새

산새가 나무 열매를 쪼아 먹었어요.

초식 동물은 어떤 특징이 있을까요?

풀이나 나뭇잎을 먹는 동물은 이가 튼튼하고 위가 잘 발달되어 있어요. 이빨은 생김새가 맷돌 같아서 질긴 식물을 부드럽게 갈 수 있어요. 식물에는 섬유질이 많아서 소화하기도 힘들어요. 소나 양이나 사슴 같은 동물은 밥통이 네 개로 나뉘어 있어요. 그래서 육식 동물이 덤벼들기 전에 재빨리 먹이를 먹어 두었다가 안전한 곳에서 되새김질을 하지요. 식물만 먹으니까 똥이 깨끗하고 냄새도 거의 안 나요.

고라니

고라니가 먹은 배춧잎이에요.

고라니 똥

산양이 뜯어 먹은 나뭇잎이에요.

산양

산양 똥

육식 동물은 어떤 특징이 있을까요?

고기를 먹고 사는 동물은 힘이 세고 이나 발톱도 날카로워요. 삵이나 족제비나 호랑이는 동물을 잡아먹고 사는 육식 동물이에요. 호랑이는 날카로운 발톱을 발끝에 감추고 먹이에게 다가가지요. 빈틈을 노리다가 단숨에 먹이를 움켜잡아요. 동물의 뼈도 자를 수 있을 만큼 날카로운 송곳니를 갖고 있지요. 송곳니로 먹이를 찢어서 씹지도 않고 삼켜 버려요. 고기는 나뭇잎이나 나뭇가지보다 훨씬 소화가 잘되기 때문에 그냥 삼켜도 괜찮아요. 똥을 보면 초식 동물의 똥보다 훨씬 크고 냄새도 구려요.

삵

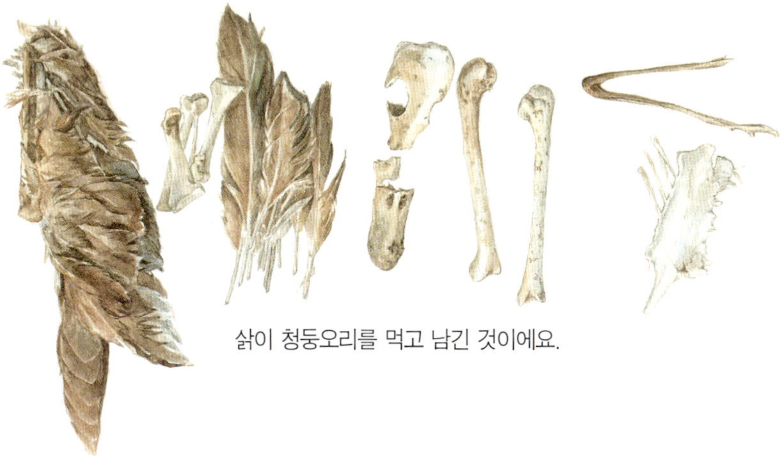

삵이 청둥오리를 먹고 남긴 것이에요.

삵 똥

족제비

족제비 똥에서 나온 곤충 껍질과 날개와 다리예요.

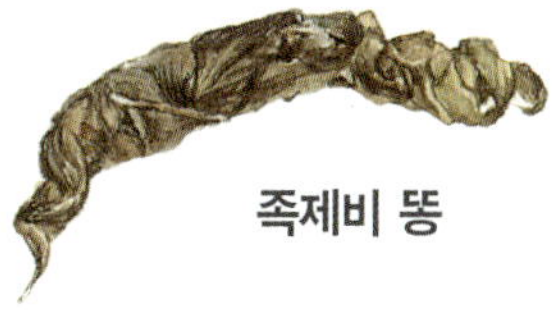

족제비 똥

들짐승은 어떤 발자국을 남길까요?

짐승은 생김새가 다르듯이 발자국도 저마다 다르답니다. 발자국을 자세히 살펴보면 어떤 짐승인지 알 수 있고, 다른 짐승에게 쫓기는 중인지도 알 수 있답니다. 들짐승들은 발자국이 어떻게 생겼을까요? 또 발자국으로 무엇을 알 수 있을까요?

왜 발자국을 관찰할까요?

짐승들은 보통 이른 새벽이나 저녁 어스름 무렵에 먹이를 찾으러 다녀요. 그래서 낮에는 짐승을 보기가 어렵답니다. 발자국이나 똥을 살펴보면 어떤 짐승이 사는지 무엇을 먹었는지 알 수 있어요. 옛날에는 여우가 메추라기를 잘 먹는다고 알고 있었어요. 그런데 여우 발자국을 따라갔더니 여우가 먹다 남긴 토끼 뼈가 있었다고 해요. 그래서 여우가 토끼도 잘 잡아먹는다는 것을 알게 되었지요. 짐승들이 남긴 발자국은 짐승을 관찰하고 연구하는 데 도움이 많이 된답니다.

멧돼지는 몸집이 크고 무거워서 발자국도 크고 깊게 나요. 앞발 위에 뒷발이 겹쳐 찍혀요.

발자국 모양은 어떻게 다를까요?

짐승 발자국은 발바닥 생김새에 따라서 달라요. 여우나 늑대는 앞발과 뒷발 발가락이 네 개씩 찍히고 발톱도 찍혀요. 삵이나 호랑이는 발톱이 있지만 숨기고 다니기 때문에 안 찍혀요. 노루나 산양은 발굽 두 개만 찍혀요. 모양도 다르고 크기도 달라서 발자국만 보고도 어떤 짐승인지 알 수 있어요.

족제비 발자국은 발가락이 다섯 개씩 찍혀요.

여우 발자국은 개 발자국과 비슷해요.

노루 발자국은 발굽이 두 개씩 찍혀요.

발자국으로 무엇을 알 수 있을까요?

　달려갈 때 생기는 발자국과 걸어갈 때 생기는 발자국은 달라요. 달릴 때는 걸을 때보다 발자국이 크고 깊게 나요. 그래서 발자국 사이의 폭이나 생김을 보고 발자국을 남긴 짐승의 행동을 알 수 있어요. 바위나 마른 흙 위에 찍힌 발자국은 알아보기가 힘들어요. 하지만 비에 젖은 흙이나 모래에 찍힌 발자국은 모양이 뚜렷하게 남지요. 진흙 바닥이나 눈 위에 찍힌 발자국도 마찬가지예요. 그래서 예전에는 눈이 온 뒤에 발자국을 따라가서 토끼를 잡기도 했어요.

오소리 발자국은 앞발 발톱이 길어요.

산양 발자국은 발굽 앞 끝이 뭉툭해요.

늑대 발자국은 곧게 나 있을 때가 많아요.

수달은 발가락 사이에 물갈퀴가 있어서 금방 알아볼 수 있어요.

너구리 발자국은 발톱이 또렷해요.

33 동물의 발 | 맨발이 더 좋아

동물들은 발이 어떻게 생겼을까요?

동물은 저마다 살아가는 데 알맞은 다리와 발을 가지고 있어요.
말은 발굽이 있어서 달리기가 좋아요. 딱따구리는 발톱이
구부러져 있어서 나뭇가지를 움켜잡기 좋아요.
다른 동물들의 발은 어떻게 생겼을까요?

말은 발가락이 한 개예요.
달리는 데 편하도록
가운뎃발가락만 남았어요.

고양이는 발가락 속에 발톱을
감추고 걸어요. 소리 없이
다가가서 먹이를 덮쳐요.

파리는 앞다리로 맛을 봐요.
음식 맛을 잘 보려고 가끔 다리를
비벼서 먼지를 털어 내지요.

생김새도 다르고 쓰임새도 달라요

 딱따구리는 나무에 구멍을 파서 벌레를 잡아먹고 살아요. 그래서 발가락이 나무를 꽉 움켜잡기 좋게 생겼어요. 발톱도 날카롭게 구부러졌어요. 거미는 다리에서 기름이 흘러나와서 거미줄에 안 들러붙어요. 파리는 앞다리로 음식 맛을 봐요. 다리에는 끈적끈적한 털이 있어서 천장에 거꾸로 달라붙을 수도 있고, 유리나 천장이나 벽에도 잘 달라붙을 수 있어요. 말은 날카로운 이빨이나 발톱이 없어요. 그래서 다른 동물에게 안 잡아먹히려면 빨리 뛰어서 달아나야 했어요. 말도 옛날에는 발가락이 다섯 개였지만 달리는 데 편하도록 가운뎃발가락만 남았어요. 가운뎃발가락의 발톱이 단단해져서 발굽이 되었답니다.

딱따구리는 발가락 두 개가 뒤쪽에 붙어 있어서 몸을 잘 받칠 수 있어요.

거미는 다리에서 기름이 흘러나와요. 그래서 거미줄에 안 들러붙어요.

매는 발톱이 갈고리처럼 생겼어요. 먹이를 찾으면 발에 빳빳하게 힘을 주고 덮쳐요.

도마뱀붙이는 아무 데나 달라붙어요

도마뱀붙이는 발가락이 넓적해요. 발바닥에는 눈에 보이지 않을 만큼 작은 털들이 촘촘히 나 있어요. 이 작은 털 하나하나가 벽에 착 달라붙어요. 그래서 벽에도 재빠르게 돌아다니고, 천장에 거꾸로 매달려도 떨어지지 않아요.

도마뱀붙이는 유리창에서도 미끄러지지 않고 걸어다닐 수 있어요.

고양이과 동물은 발톱을 감추고 걸어요

고양이나 스라소니, 표범, 호랑이 같은 고양이과 동물은 발가락 속에 발톱을 감추고 걸어 다녀요. 그래서 먹이를 잡을 때 소리 없이 다가가서 날쌔게 덮칠 수 있어요. 먹이를 덮칠 때는 발가락 사이가 벌어지고 갈고랑이같이 날카로운 발톱이 삐죽 나온답니다.

호랑이는 먹이를 잡을 때가 아니면 발톱을 감추고 걸어 다녀요.

개구리는 물갈퀴가 있어요

개구리는 뒷발이 아주 크고 물갈퀴가 있어요. 그래서 뜀뛰기도 잘 하고 헤엄도 잘 쳐요. 개구리는 자기 몸보다 몇 배는 멀리 뛸 수 있어요. 헤엄을 칠 때는 뒷다리를 힘차게 오므렸다 폈다 해요. 뒷다리를 모아 쭉 뻗으면서 앞으로 나가지요.

금개구리는 헤엄을 아주 잘 쳐요. 물갈퀴는 뒷다리에만 있어요.

뱀은 다리도 없는데 어떻게 움직일까요?

뱀은 몸통을 구부렸다 폈다 하면서 움직여요. 또 배 비늘을 땅바닥에 대고 세웠다 폈다 하면서 앞으로 나아가지요. 그래서 유리판처럼 매끈한 곳에서는 꿈틀거리기만 하고 미끄러진답니다. 나뭇가지에서 옮겨 다닐 때는 몸의 힘살을 세게 조였다가 부드럽게 풀어 주지요.

누룩뱀은 비늘을 이용해서 앞으로 나아가기 때문에 다리가 없어도 움직일 수 있어요.

딱따구리는 어떻게 구멍을 팔까요?

'딱 따다닥 따르르르' 무슨 소리일까요? 딱따구리가 부리로 나무에 구멍을 파는 소리예요.
딱따구리는 나무속에 사는 벌레를 잡아먹고 살아요.
딱따구리는 어떻게 나무에 구멍을 낼까요?

오색딱따구리

딱따구리는 어떻게 나무에 매달릴까요?

딱따구리는 다리가 짧고 아주 튼튼해요. 그래서 나무에 매달리는 힘이 무척 세답니다. 새들은 보통 발가락 네 개 가운데 하나만 뒤로 나 있지만 딱따구리는 발가락이 앞뒤로 두 개씩 나 있어요. 그래서 발가락으로 힘 있게 나무줄기를 움켜잡을 수 있지요. 발톱도 아주 날카롭게 구부러져 있어서 발톱을 나무껍질에 박으면 나무줄기에 더 잘 매달릴 수 있어요. 그뿐만이 아니에요. 딱따구리 꽁지에는 빳빳하고 곧은 깃이 나 있어요. 가운데 깃은 더욱 빳빳해서 나무줄기에 매달릴 때 몸을 잘 받쳐 주지요.

딱따구리는 발가락이 앞뒤로 두 개씩 나 있어요.

꽁지에는 빳빳하고 곧은 깃이 나 있어요.

혀가 머리뼈 뒤를 돌아서 윗부리 가운데까지 길게 뻗어 있어요.

벌레를 잡을 때는 혀를 길게 내밀어요.

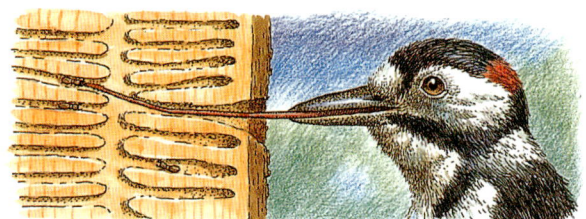

딱따구리는 어떻게 벌레를 잡을까요?

딱따구리는 부리가 곧고 매우 단단하게 생겼어요. 목과 머리에 힘을 주고 단단한 부리로 망치질하듯이 나무를 쪼아서 구멍을 파지요. 구멍을 파고 나면 혀를 길게 내밀어서 벌레를 끄집어낸답니다. 딱따구리는 혀가 아주 길어요. 혀끝에는 갈고리 같은 가시가 있어서 나무 속에 있는 벌레를 꺼내기 쉽답니다.

딱따구리는 혀를 길게 내밀어서 벌레를 끄집어내요.

딱따구리는 나무 의사예요

추운 겨울날 눈 쌓인 산에 가면 '딱 따다닥 딱 따다닥' 하는 소리를 들을 수 있어요. 딱따구리가 구멍을 파는 소리예요. 나무에다 구멍을 파면 나무에 해로울 것 같지만 오히려 이롭답니다. 하늘소 애벌레와 번데기는 나무줄기 속에서 살면서 나무 속을 파 먹고 살아요. 그러다 보면 나무가 말라 죽거나 바람에 부러지고 말아요. 딱따구리는 개미나 하늘소처럼 나무속에 집을 짓고 알을 낳는 벌레들을 잡아먹어요. 벌레를 잡아 주면 나무는 스스로 구멍을 메우고 성성하게 자라나요. 그래서 딱따구리를 보고 나무 의사라고 한답니다. 딱따구리는 벌레를 잡아 주고 나무는 딱따구리에게 먹이와 보금자리를 주지요.

딱따구리는 나무속에서 사는 벌레들을 잡아먹어요.

딱따구리는 어떻게 둥지를 틀까요?

딱따구리는 둥지도 나무에 구멍을 파서 만들어요. 둥지를 만들 때는 벌레를 잡을 때보다 구멍을 크게 파요. 모양도 깔끔하게 다듬어요. 암컷과 수컷이 번갈아 가면서 구멍을 파는데 둥지를 다 만들려면 보름이나 한 달쯤 걸린답니다. 둥지에서 알도 낳고 새끼도 키우지요. 새끼를 키우고 나면 암컷과 수컷은 서로 다른 둥지에서 살아요. 둥지에 빗물이 새거나 다른 동물에게 보금자리를 빼앗기면 새로 둥지를 틀지요.

까막딱따구리가 구멍을 파요.

까막딱따구리 둥지예요.

여러 가지 딱따구리 둥지 둥지의 크기나 생김새는 딱따구리마다 조금씩 달라요. 오색딱따구리와 쇠딱따구리 둥지는 공처럼 둥글고 까막딱따구리 둥지는 길쭉하고 둥근 모양이에요.

3센티미터

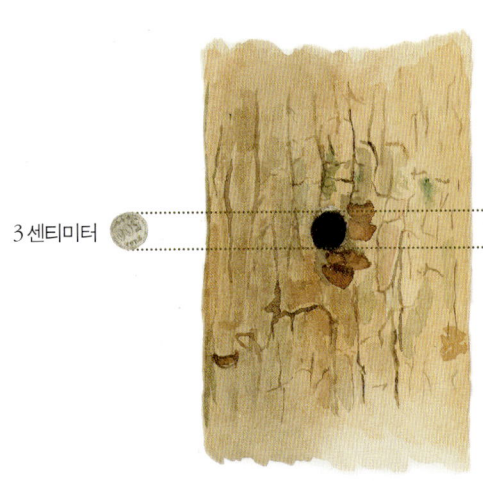
오색딱따구리 둥지

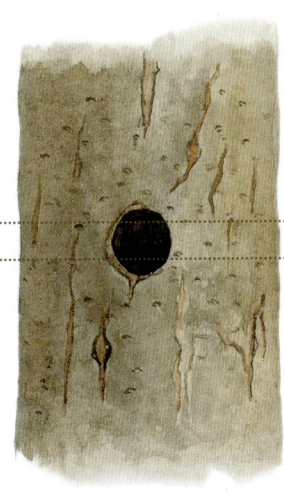
쇠딱따구리 둥지

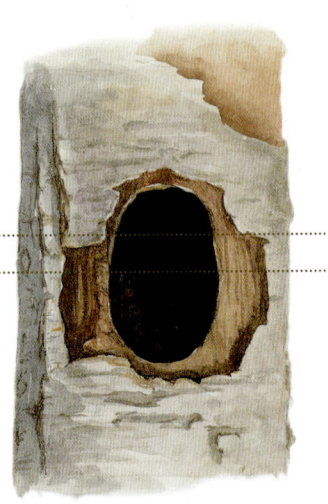
까막딱따구리 둥지

딱따구리는 겨울을 어떻게 날까요?

여름에는 먹이가 될 만한 벌레가 많아요. 그래서 나무에 구멍을 크게 내지 않아요. 쉽게 벌레를 잡을 수 있으니까요. 그런데 추운 겨울이 오면 벌레들은 나무속으로 깊이 들어가지요. 그래서 딱따구리도 겨울에는 구멍을 깊게 파야 해요. 겨울철 산속에서 딱따구리 소리가 유난히 크게 들리는 까닭도 이 때문이에요.

딱따구리는 어떤 나무에 둥지를 틀까요?

딱따구리가 둥지를 지으려면 힘이 많이 들어요. 단단한 나무를 뚫어야 하니까요. 그래서 딱따구리는 죽어 가는 참나무나 그루터기에 둥지를 파요. 나무가 덜 단단하니까요. 딱따구리 둥지는 다른 새들의 보금자리가 되기도 해요. 소쩍새나 올빼미는 딱따구리가 만든 나무 구멍을 둥지로 빌려 쓰기도 하지요.

딱따구리가 나무 틈에 도토리를 끼워 놓고 파 먹었어요.

딱따구리가 벌레를 잡으려고 나무를 쪼았어요.

우리 나라에 사는 철새와 텃새

철따라 이리저리 옮겨 다니며 사는 새를 철새라고 해요. 멀리 날아가지 않고 한군데에서 터를 잡고 사는 새는 텃새라고 하지요. 우리 나라에는 어떤 철새와 텃새들이 살고 있을까요?

우리 나라에 날아오는 겨울 철새

늦가을이면 오리, 고니, 기러기, 두루미, 독수리 들이 우리 나라로 날아와요. 고니나 오리는 시베리아에서 살다가 겨울이 되면 추위를 피해서 남쪽에 있는 우리 나라로 내려와요. 너무 추운 곳은 먹이도 없고 살기도 힘들기 때문이에요. 하지만 봄이 되면 다시 시베리아로 돌아가서 알을 낳고 새끼를 기르지요. 시베리아 같은 북쪽 지방은 여름이 되면 낮이 길어서 하루 종일 먹이를 잡아서 새끼를 잘 키울 수 있어요.

텃새들은 어떻게 살아갈까요?

참새랑 까치는 우리 나라에서 터를 잡고 산다고 텃새라고 해요. 까마귀, 꿩, 올빼미, 종다리, 멧비둘기도 모두 텃새예요. 참새는 추위도 잘 견디고 먹이도 아무거나 잘 먹어요. 여름에는 곤충을 잡아먹고 가을에는 곡식이나 나무 열매를 먹고 살아요. 또 새매나 굴뚝새처럼 여름에 알을 낳을 때가 되면 높은 산으로 깊이 들어가는 새도 있어요. 가을이 되면 다시 낮은 곳으로 내려와서 이듬해 봄까지 살아요.

고니

우리 나라에 날아오는 여름 철새

봄에는 남쪽에서 여름 철새들이 날아와요. 제비, 뻐꾸기, 꾀꼬리, 뜸부기, 찌르레기 들이지요. 제비는 따뜻한 사월에 우리 나라에 와서 알을 낳고 새끼를 키워요. 시월쯤 되어 선선한 바람이 불면 날갯짓을 갓 배운 어린 새끼들을 데리고 따뜻한 남쪽으로 떠나지요. 멀리 필리핀이나 타이까지 날아가는 제비도 있다고 해요. 또 도요나 물떼새는 다른 곳으로 가다가 잠시 우리 나라에서 쉬어 가는 나그네새예요.

철새들은 어떻게 길을 찾을까요?

철새들은 해마다 갔던 길을 따라서 날아갔다가 돌아오지요. 낮에 날아가는 새들은 해를 기준으로 삼고 밤에 날아가는 새들은 별자리를 보고 방향을 잡는다고 해요. 강이나 골짜기나 산맥이나 해안선을 따라서 날아가기도 해요. 새들이 어떻게 길을 찾는지 다 밝혀진 것은 아니랍니다. 철새들은 날아가는 방법도 달라요. 기러기나 고니같이 몸집이 큰 새들은 낮에 'V' 모양으로 줄을 지어서 한꺼번에 날아가지요. 나이가 많고 힘이 센 기러기가 맨 앞에서 길잡이를 하면서 위험에 빠지지 않게 무리를 이끌어요. 몸집이 작은 새들은 밤에 무리를 지어 날아가지요.

백로
왜가리

가자, 고마운 자연 세계

식물이 자라고 동물과 사람이 살아가려면 꼭 필요한 것이 무엇일까요?

공기와 바람, 물, 불이에요. 물, 불, 바람은 사람뿐만 아니라 모든 생물이 살아가는 데 꼭 필요한 것이에요. 물, 불, 바람, 산, 바다 같은 자연과 살아 있는 모든 생명체를 통틀어 생태계라고 해요. 생태계 전체는 서로 목숨을 주고받으며 목숨을 나누는 관계이지요. 이를테면 나무 한 그루, 풀 한 포기가 내쉬는 날숨, 곧 산소는 우리 몸에 들어오고 우리를 살리는 힘이 되어요. 거꾸로 우리가 내쉬는 탄산가스는 나무와 풀들이 먹고 사는 영양소가 되지요. 또 풀이나 나무를 먹고 사는 동물이 있고, 그 동물을 먹고 사는 동물들이 있어요. 이렇게 풀과 나무와 인간, 풀과 나무에 기대어 살고 있는 모든 생명체가 서로 살고 살리는 순환 구조를 갖고 있답니다.

그런데 사람들은 더 편하게 살기 위해서 끊임없이 자연을 더럽히고 깨뜨려 왔어요. 사람과 동식물이 생태계 속에서 함께 어울려 살려면 자연과 생명의 고마움을 깨닫고, 생태계 전체와 서로 돕고 사는 마음을 가져야 해요.

36 물의 순환 | 아기물방울의 여행

물은 어디에서 와서 어디로 갈까요?

물은 끊임없이 돌고 돌아요. 빗물은 땅에 스며들어 샘물이 되고, 샘물은 흘러서 강으로 가요. 강물은 흘러서 어디로 갈까요? 또 물은 어떤 일을 할까요?

연못

저수지

아, 시원하다.

논밭에 내린 비는 곡식과 채소가 마시고, 산에 내린 빗물은 나무와 들꽃이 마셔요.

하수도에서 나온 빗물은 강으로 흘러가요.

식물이 마시고 남은 빗물은 땅으로 스며들어 지하수가 돼.

지하수

댐

댐은 비가 오랫동안 오지 않아 논밭이 마를 때 쓰려고 만들어요.
또 전기를 얻으려고 만들어요.

강

여기는 물을 걸러 내는 하수 처리장이야.

강물은 흘러서 바다로 가.

물은 어떻게 돌고 돌까요?

　물은 수증기가 되어 하늘로 올라가요. 하늘로 올라갈수록 기온은 낮아져요. 하늘로 올라간 수증기는 식어서 다시 물방울이나 얼음이 되지요. 물방울과 얼음 알갱이들은 모여서 구름이 된답니다. 구름은 서로 뭉치면서 점점 크고, 무거워져요. 그러면 더는 하늘에 떠 있지 못하고 떨어지지요. 이것이 바로 비랍니다. 눈이나 우박이 되기도 해요. 빗물은 땅속이나 식물의 뿌리로 스며들어요. 또 흙이나 바위틈으로 스며들었다가 샘물이 되기도 해요. 샘물은 시내로 흘러가고 시냇물은 강으로, 강물은 바다로 흘러가요. 이렇게 물은 하늘로 올라갔다가 다시 땅이나 강이나 바다로 돌아오는 여행을 되풀이한답니다.

하수처리장은 쓰고 버린 물을 걸러 내어 다시 강으로 돌려보내요.

물은 어떤 일을 할까요?

식물이 싹트고 자라려면 물이 필요해요. 동물도 마찬가지예요. 물은 모든 생물에게 생명을 넣어 주지요. 공장에서 물건을 만들 때도 쓰여요. 사람들은 강물을 막아서 댐을 만들기도 해요. 댐은 홍수를 막기도 하고 가뭄이 들었을 때 물을 대기도 하지요. 물은 높은 곳에서 떨어질수록 힘이 커진답니다. 이런 물의 힘을 이용해서 전기를 만들어 쓰지요. 물은 흙이나 바위를 멀리까지 나르기도 하고 새로운 골짜기를 만들기도 해요. 이렇게 사람이나 동물이나 식물은 물이 없으면 살 수가 없어요. 그런데 요즘은 물이 점점 더러워지고 있어요. 우리에게 생명을 주는 물을 아끼고 깨끗이 해야겠지요.

37 지구의 역사 | 잠꾸러기 불도깨비

지구는 언제 생겨났을까요?

수십억 년 전에 지구는 새빨갛고 뜨거운 가스 덩어리였어요.
지구에 생명체가 살게 된 것은 아주 오랜 시간이 지난 뒤부터예요.
사람은 언제부터 지구에서 살게 되었을까요?
또 불은 어떻게 발견했을까요?

❶ 지구가 태어났어요.
❷ 생명체가 나타났어요.
❸ 녹색 식물이 생겨났어요.
❹ 물고기가 생겨났어요.

지구는 몇 살일까요?

지구는 45억 년쯤 전에 생겨났어요. 태양을 감싸고 있던 가스 구름이 떨어져 나와 몇백만 년 동안 한데 모여서 이루어졌지요. 그때 지구는 지금처럼 단단한 땅이 아니라 가스 덩어리였어요. 지구에는 거센 폭풍이 휘몰아치고 번개가 치고 화산은 쉴 새 없이 폭발했어요. 지구에는 강한 태양열을 막을 만한 공기층도 없었어요. 어떤 식물도 어떤 동물도 살 수 없는 땅이었지요.

생명은 언제 생겨났을까요?

생명의 역사를 정확히 알 수는 없어요. 화석에 남아 있는 흔적으로 보아 30억 년 전쯤부터 시작되었을 거라고 해요. 녹색 식물이 생겨나면서 생명의 역사는 크게 바뀌었어요. 녹색 식물이 만들어 낸 산소 때문에 지구에 온갖 동물이 살게 되었으니까요.

❼ 사람이 나타났어요.

❻ 젖먹이동물이 나타났어요.

❺ 공룡이 나타났어요.

사람은 불을 어떻게 써 왔을까요?

불은 우리가 사는 데 꼭 필요해요. 추위도 막고, 밤에 어둠도 밝히고, 음식도 만들어 먹어야 하니까요. 먼 옛날에는 짐승을 물리치는 데도 썼어요. 사람은 불을 어떻게 써 왔을까요?

❸ **사람은 불을 어떻게 만들었을까요?**
부싯돌이나 나뭇가지를 비벼서 불을 피웠어요. 불을 쓰면서부터 늘 불을 꺼뜨리지 않으려고 애썼어요.

❷ **사람은 불로 무엇을 했을까요?**
불을 피워서 고기도 구워 먹고 사나운 짐승이 가까이 못 오도록 했어요. 또 불로 추위를 이겨 냈어요.

❶ **사람은 불을 어떻게 쓰게 되었을까요?**
처음에는 사람도 짐승처럼 불을 무서워했어요. 그러다가 벼락이 치거나 화산 폭발로 불이 생겼을 때 불씨를 받아다가 쓰기 시작했어요.

❺ 요즘은 음식을 어떻게 익힐까요?
가스 불로 음식을 익히지요.
나무를 때서 밥을 하던 때도 있었어요.

❻ 요즘은 밤에 어떻게 불을 밝힐까요?
발전소에서 전기를 만들어 내요.
전기는 밤에도 환하게 빛을 내고
방도 따뜻하게 해 주지요.

❹ 불이 무엇을 바꾸었을까요?
불은 사람이 먹는 음식을 바꾸었어요. 불을 써서 음식을 만들게 되자 예전에는 먹을 수 없던 것도 먹게 되었어요. 소화도 잘 되었지요.

불은 사람의 생활을 어떻게 바꾸었을까요?

맨 처음 지구에 사람이 살기 시작한 때는 250만 년쯤 전이래요. 옛날 사람들은 떠돌아다니면서 동굴이나 움집에서 살았어요. 그런데 불을 쓰면서 사는 모습이 달라졌어요. 집을 짓고 옷을 해 입고 불을 피워서 몸을 따뜻하게 했지요. 차츰 한 군데에 머물러 살면서 식물도 키우고 짐승도 길들였어요. 사람들은 불을 더 편리하게 쓰려고 애써 왔어요. 요즘은 석유나 가스 불로 음식을 만들고 방도 따뜻하게 하고 자동차도 몰지요.

❼ 불을 잘못 쓰면 어떻게 될까요?
불은 잘못 쓰면 아주 위험해요.
모든 것이 불에 타서 없어질 수 있어요.
사람의 목숨도 빼앗을 수 있어요.

바람은 어떤 일을 할까요?

바람은 여러 가지 일을 해요. 민들레 꽃씨도 퍼뜨리고 소나무 꽃가루도 날려 줘요.
또 매나 독수리 같은 새는 바람을 타고 날아올라요.
사람도 오래전부터 바람의 힘을 빌려 썼어요.

사람은 바람을 어떻게 이용할까요?

사람들은 옛날부터 바람을 여러 곳에 써 왔어요. 이집트 사람들은 5천 년쯤 전에 돛을 발명해서 바람의 힘으로 배를 몰았어요. 또 페르시아 사람들은 2천 5백년쯤 전에 풍차로 곡식을 빻거나 물을 퍼 올리기도 했어요. 네덜란드는 땅이 바다보다 낮아서 풍차로 물을 퍼내지요. 요즘에는 전기를 일으키려고 풍차를 돌려요. 비행기나 헬리콥터나 낙하산이나 모두 바람을 이용한 것이지요.

> 바람의 힘으로 큰 바람개비를 돌려서 전기도 만들어.

> 바람이 부니까 모닥불이 더 잘 타오르네.

> 내 덕분에 땅도 숨을 쉬지.

> 바람이 잘 부니까 강을 건너기가 쉬운 걸.

깨끗한 공기를 마시려면 어떻게 할까요?

공기는 기온이 낮은 곳에서 높은 곳으로 움직여요. 이런 공기의 흐름을 바람이라고 해요. 요즘은 공장이나 자동차에서 나오는 나쁜 연기도 공기 속에 섞이고 건물을 지을 때 생기는 먼지도 공기 속에 섞여요. 쓰레기를 태울 때 생기는 더러운 공기가 바람에 실려 퍼지기도 해요. 깨끗한 공기를 마시려면 에너지도 아껴 쓰고 쓰레기도 줄여야 하겠지요.

먹이 사슬이란 무엇일까요?

꿀벌은 거미가 먹고, 거미는 메추라기가 먹고, 메추라기는 여우가 먹어요. 이렇게 생명들이 먹고 먹히는 관계로 얽혀 있는 것을 먹이 사슬이라고 해요. 먹이 사슬은 자연에 사는 모든 동식물이 균형을 이루고 살도록 하지요.

민들레 꿀은 어떻게 생겨났을까요?

식물은 햇빛을 받아서 자기 몸에 필요한 양분을 만들어요. 식물이 햇빛을 받아서 물과 이산화탄소로 양분을 만들어 내는 일을 광합성이라고 하지요. 식물은 광합성을 해서 뿌리나 줄기도 키우고 꽃도 피우고 꿀도 만들어 내요. 민들레 꿀은 민들레가 햇빛을 받아서 만들어 냈어요.

민들레 꿀은 어디로 갔을까요?

동물은 식물처럼 햇빛을 받아서 양분을 만들 수 없어요. 식물을 먹거나 다른 동물을 먹고 살지요. 식물이 만들어 낸 양분을 먹는 셈이에요. 그리고 동물이 눈 똥이나 동물의 주검은 식물한테 거름이 된답니다. 그래서 민들레는 곰이 눈 똥 속에서 양분을 얻고 이듬해 봄에 꽃을 피워 꿀을 만들어 내지요. 민들레가 벌에게 주었던 꿀이 돌고 돌아 다시 민들레에게 돌아온 셈이에요.

곰이 여우를 잡아먹어요.

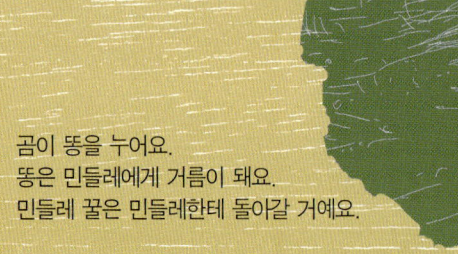

곰이 똥을 누어요.
똥은 민들레에게 거름이 돼요.
민들레 꿀은 민들레한테 돌아갈 거예요.

먹이 사슬이 끊어지면 어떻게 될까요?

　토끼를 잡아먹는 여우가 모두 죽으면 어떻게 될까요? 토끼들은 풀을 마음놓고 뜯어 먹을 수가 있어서 좋을 거예요. 하지만 토끼의 숫자가 자꾸 늘어나면 풀이 줄어들어요. 그러면 토끼들끼리 서로 먹이를 차지하려고 싸우게 되고 굶어 죽는 토끼도 생기겠지요. 어떤 풀이 갑자기 많이 자란다면 어떻게 될까요? 그 풀을 먹고 사는 동물도 수가 늘어나겠지요. 하지만 동물이 늘면 늘수록 풀도 빨리 없어질 거예요. 그러면 먹이가 모자라서 동물도 줄어들게 된답니다. 이렇게 식물이나 동물은 한동안 먹이 사슬이 끊기더라도 자연스럽게 수를 조절하고 다시 이어 간답니다.

먹이 사슬은 왜 필요할까요?

　자연의 세계는 얼핏 보면 힘센 놈이 약한 놈을 잡아먹는 잔인한 세계 같아요. 하지만 서로 먹고 먹히는 사슬이 끊어지면 자연계의 균형은 곧 깨질 거예요. 먹이 사슬은 자연계에 사는 모든 생명들이 균형을 이루고 살도록 한답니다. 그런데 사람이 자연을 이용하면서 자연의 균형이 많이 깨졌어요. 한때 사람들이 산에 있는 뱀을 마구 잡는 바람에 들쥐들이 늘어났어요. 자연이 망가지면 사람도 살 수가 없어요. 자연 속에서 모든 식물과 동물과 사람이 균형을 이루고 살아야겠지요.

아기는 어떻게 태어날까요?

식물이나 동물이나 사람이나 모두 후손을 남겨요. 식물은 씨앗을 퍼뜨리고, 동물은 알이나 새끼를 낳아서 무리를 늘려 가요. 사람은 아기를 낳아서 무리를 늘려 가지요. 아기는 어떻게 생길까요?

❶ 개와 같은 젖먹이동물은 새끼를 낳아서 무리를 늘려 가요.

아기는 어떻게 생겨날까요?

아기는 아버지의 아기 씨가 어머니의 아기 씨와 만나면 생겨나요. 이것을 수정이라고 해요. 수정이 이루어지는 방법은 동물마다 달라요. 물고기나 개구리는 암컷이 알을 낳고 나면 수컷이 알 위에 아기 씨를 뿌려요. 몸 밖에서 수정이 이루어지는 것이지요. 그런데 사람과 같은 젖먹이동물은 암컷의 몸 안에서 수정이 이루어져요. 수정이 되면 아기는 어머니 몸 안에서 무럭무럭 자라기 시작해요.

❷ 암캐는 몸속에 아기집이 있어요.
　수캐는 아기 씨를 만드는 곳이 몸 밖으로 나와 있어요.

❸ 수캐의 아기 씨가 암캐의 몸속에 들어가서
　암캐의 아기 씨와 만나면 새끼가 생겨나지요.
　이것을 수정이라고 해요.

❹ 수정이 이루어지면 새끼는 어미 몸속에서
　무럭무럭 자라나요.

아기는 어디로 나올까요?

어머니 다리 사이에는 아기가 나오는 길이 있어요. 이 길을 질이라고 해요. 질은 보통 때는 아기집을 지키느라고 닫혀 있어요. 하지만 아기가 나올 때가 되면 크게 늘어나지요. 고무줄이 늘어나는 것과 같아요. 그러니까 다리 밑에서 주워 왔다거나 망태 할아버지가 데리고 왔다는 말은 거짓말이에요. 우리는 모두 어머니 뱃속에서 자라서 질로 나왔으니까요.

❺ 뱃속에 있는 새끼는 물에 싸여 안전하게 보호돼요.

왜 어른이 되어야 아기를 낳을까요?

송아지나 강아지는 새끼를 못 낳아요. 사람도 아기를 낳으려면 어른이 되어야 해요. 아기 씨도 자라야 하고 아기집도 튼튼하게 자라야 하니까요. 또 아기가 먹을 젖도 나와야 하고, 아기를 업어 줄 힘도 생겨야 하니까요.

❻ 어미와 새끼는 탯줄로 이어져 있어요.
어미는 새끼에게 탯줄로 영양분과 산소를 전해 주지요.

여자와 남자는 어떻게 다를까요?

여자는 태어날 때부터 몸속에 아기집이 있어요. 자궁이라고도 하지요. 아기집에는 난자라고 하는 아주 작은 아기 씨들이 자라고 있지요. 남자는 아기 씨를 만드는 곳이 밖으로 나와 있어요. 이곳을 불알이라고도 하고 고환이라고도 해요. 불알에서 만들어지는 아기 씨는 정자라고 해요. 왜 아기집은 여자 몸속에 있을까요? 아기집이 뱃속에 있는 것은 아기가 태어날 때까지 안전하게 보호하려는 것이지요. 이렇게 여자와 남자는 서로 달라요.

❼ 새끼가 뱃속에서 자라는 시간은 동물마다 달라요. 개나 고양이는 보통 두 달 만에 태어나지요.

❽ 어미개의 몸속에는 새끼가 나오는 길이 있어요. 새끼가 태어나면 어미개는 새끼를 깨끗이 핥아 주지요.

왜 어른의 성기에는 털이 날까요?

우리 몸에서 털이 나는 곳은 다 중요한 곳이에요. 머리카락이 없으면 머리가 뜨거운 햇볕에 그냥 드러나겠지요. 눈썹이 없으면 눈에 먼지가 잘 들어가겠지요. 어른의 성기에 털이 나는 까닭도 마찬가지예요. 아기를 만드는 곳이니까 보호하려는 것이지요. 성기는 매우 중요한 곳이에요. 그런데 똥오줌을 누는 곳과 가까이 있어서 나쁜 병균이 들어가기 쉬워요. 그러니까 자주 씻어야 해요. 또 함부로 만지면 안 돼요. 성기의 살갗은 매우 약해서 병들기 쉬우니까요.

가자, 신비한 감각 세계

우리는 눈, 귀, 코, 혀, 살갗을 통해 보고, 듣고, 냄새 맡고, 맛보고, 느낄 수 있어요. 눈이나 귀나 살갗을 통해 몸 안팎에서 일어나는 일들을 알아차리고 느끼는 것을 감각이라고 해요. 보고, 듣고, 냄새 맡는 구실을 하는 눈, 코, 귀를 통틀어 감각 기관이라고 하지요. 감각 기관은 저마다 생김새나 놓인 자리나 하는 일이 달라요.

살갗은 우리 몸을 지키는 빨간 신호등이에요. 뜨겁거나 춥거나 아픈 것을 알아내고 몸을 지킬 수 있으니까요. 눈은 빛깔, 밝고 어두움, 크기나 모양, 길이 따위를 알아보는 일을 하지요. 코는 냄새를 맡는 일을 하고 혀는 맛을 느끼는 일을 해요. 우리는 이런 감각을 통해 살아가는 데 필요한 여러 가지를 기억하고 익히게 되지요.

감각 기관은 하나로 이어져서 서로 힘을 모아 일해요. 만약에 어느 하나가 고장이 나면 감각이 둔해지거나 이상해져서 다른 감각도 느끼지 못하게 돼요. 사람의 감각은 길고 긴 시간을 거쳐 발달해 온 것이에요. 우리 몸도 다른 동물들처럼 환경에 적응하면서 오랜 세월 동안 조금씩 진화했어요. 감각도 그 가운데 하나랍니다.

41 살갗과 느낌 | 울퉁불퉁 매끌매끌

우리는 살갗으로 무엇을 느낄까요?

우리 몸은 살갗으로 둘러싸여 있어요.
우리는 살갗으로 많은 것을 느낄 수 있어요. 무엇을 느낄까요?
살갗은 늘 신호를 보낸답니다. 왜 신호를 보낼까요?

살갗은 어떤 신호를 보낼까요?

우리는 살갗이 보내는 신호를 받아서 몸을 보살피지요. 목덜미나 겨드랑이는 간지럼을 잘 타요. 중요한 곳이기 때문에 잘 지키라는 신호예요. 그래서 조금만 손을 대도 몸을 움츠리게 되지요. 더위를 느끼는 것은 옷을 벗어서 몸을 식히라는 신호이고 추위를 느끼는 것은 옷을 더 껴입고 몸을 따뜻하게 하라는 신호예요.

왜 아기들은 뭐든지 입으로 가져갈까요?

우리 몸은 살갗으로 둘러싸여 있어요. 살갗은 엄마 뱃속에서 귀나 눈이 생기기 전에 만들어져요. 그래서 사람들은 살갗으로 느끼는 감각이 가장 먼저 발달한답니다. 아기가 세상에 태어나서 가장 먼저 닿는 곳도 말랑말랑한 엄마 젖꼭지예요. 아기들은 무엇이든지 끌어다가 입으로 가져가지요. 먹을 수 있는 것인지 못 먹는 것인지 알아보려는 거예요. 아직 눈으로 보거나 손으로 만져 보아서는 모르기 때문이지요.

살갗에 닿는 느낌이 다 같을까요?

같은 살갗이라도 뺨이나 손이나 발에 닿는 느낌이 다 달라요. 목욕탕에 가서 손을 물에 담가 보면 별로 안 뜨거운데 온몸을 물속에 담그면 아주 뜨거울 때가 있지요. 엄마가 아기에게 우유를 줄 때 볼에 우유병을 대 보는 것은 볼이 손보다 더 온도를 잘 느끼기 때문이에요.

불에 손을 데면 뜨거워요.

왜 손으로 만져 보고 싶을까요?

눈으로 보아서는 옷이 다 말랐는지 안 말랐는지 알기 어려워요. 손으로 만져 보아야 알 수 있지요. 눈이 먼 사람들은 손으로 더듬어서 사물을 알아내는 능력이 뛰어나요. 그런 사람들을 위해서 점자책을 만들었지요. 점자책은 오톨도톨한 점을 손으로 더듬어서 읽는답니다.

점자책은 오톨도톨해요.

손톱이랑 발톱은 잘라도 왜 안 아플까요?

우리 몸에는 아무것도 못 느끼는 곳이 있어요. 살갗은 조그마한 가시에 찔려도 매우 아프지요. 하지만 손톱이나 발톱이나 머리카락은 가위로 잘라도 아프지 않아요. 만약에 손톱이나 발톱을 자를 때 아프다면 손톱도 발톱도 못 자르고 내버려 둬야 할 거예요.

강아지 털은 따뜻하고 부드러워요.

뜨거운 것을 못 느끼면 어떻게 될까요?

불에 손을 대도 안 뜨겁다면 어떻게 될까요? 손을 마냥 불 위에 대고 있겠지요. 그러면 금세 손을 데고 말 거예요. 눈밭에서 차가움을 못 느껴도 마찬가지랍니다. 손발이 꽁꽁 얼어도 모를 거예요. 뜨거운 것을 뜨겁게 느끼고 차가운 것을 차갑게 느껴야 몸을 지킬 수 있어요. 축축한 느낌도 마찬가지예요. 늘 기저귀를 차야 하는 아기들은 축축한 걸 잘 느낄 수 있어야 해요. 기저귀가 젖었다고 울어야 엄마가 기저귀를 갈아 주지요.

옷이랑 요가 젖어서 축축해요.

손발이 시려워요.

우리는 어떤 맛을 느낄까요?

우리가 먹는 음식들은 저마다 다른 맛과 냄새를 지니고 있어요.
음식은 제 성질을 맛과 냄새로 드러내지요.
우리는 맛을 보고 먹을 수 있는 것인지 먹을 수 없는 것인지 알아내요.

왜 음식은 간이 맞아야 맛있을까요?

짠맛은 매우 중요한 맛이에요. 사람이나 동물은 피 속에 소금기가 있어요. 우리는 몸에 소금기가 없으면 살 수가 없어요. 그래서 음식에 소금기가 알맞게 들어가야 맛이 있다고 느끼지요. 땀을 많이 흘리는 여름이 되면 짠 음식을 자꾸 찾게 돼요. 우리 몸에 있던 소금기가 밖으로 많이 빠져나갔으니까 어서 채우라는 신호예요.

짠맛이 나요

소금에 절인 배추   소금에 절인 고등어   소금   간장

왜 단맛은 누구나 좋아할까요?

오랜 옛날에는 단맛을 느끼는 것이 아주 중요했어요. 단맛을 모르면 나무 열매가 잘 익었는지 덜 익었는지 알아낼 수 없었으니까요. 잘 여문 당근이나 감자를 씹어 보세요. 달착지근한 맛이 나지요. 잘 익은 과일도 마찬가지예요. 곡식도 잘 여물어야 단맛이 많이 나요. 그러니까 단맛이 좋게 느껴지는 것은 잘 여문 것을 먹으라는 뜻이에요.

떫은맛이 나요

감 고욤 도토리 호두 밤

단맛이 나요

꿀 감초 엿 사탕 복숭아 대추 참외 수박

왜 음식은 때에 따라 맛이 다를까요?

같은 음식이라도 오랜만에 먹으면 맛이 좋지만 자주 먹으면 싫어져요. 왜 그럴까요? 우리 몸이 음식하고 이야기를 나누기 때문이에요. 필요한 영양분이 충분히 들어왔으니까 그만 먹으라는 신호를 보내는 셈이지요. 그래서 몸에 필요한 음식을 보면 입맛이 당기고 필요 없는 음식을 보면 안 먹고 싶은 거예요.

매운맛이 나요

생강, 파, 고추, 고춧가루, 양파, 마늘

신맛이 나요

귤, 딸기, 매실, 모과, 석류, 탱자, 살구

먹고 싶은 음식은 다 몸에 좋을까요?

공장에서 만들어 낸 음식이나 화학 조미료를 많이 넣은 음식을 자꾸 먹으면 몸이 스스로 추스리는 힘을 잃게 돼요. 입맛도 잃어버리지요. 그래서 아이스크림이나 초콜릿처럼 많이 먹으면 해로운 음식도 자꾸 먹고 싶어져요. 아이스크림이나 초콜릿은 이도 썩게 하고, 살도 찌니까 건강에는 도움이 안 되지요. 그러니까 자연에서 나는 음식을 많이 먹어서 입맛을 잃지 않아야 몸이 튼튼해진답니다.

쓴맛이 나요

쑥 한약 약

더덕 냉이 씀바귀 도라지

냄새로 무엇을 알아낼까요?

냄새는 사람이나 동물에게 꼭 필요해요. 동물들은 냄새로 먹이도 찾고 적을 피할 수 있어요. 사람도 냄새를 맡아서 음식이 상했는지, 불이 나거나 가스가 새는지 알 수 있답니다.

감기가 들면 왜 냄새를 못 맡을까요?

감기에 걸리면 코가 막히지요. 코가 막히면 공기의 흐름도 막혀서 냄새를 잘 못 맡게 돼요. 또 냄새를 못 맡으니까 음식 맛도 못 느끼게 되지요. 냄새는 우리가 느끼는 맛의 5분의 4를 차지한답니다. 그래서 감기에 걸리면 입맛이 없고, 음식에서 어떤 맛이 나는지 잘 알 수가 없게 되는 거랍니다.

냄새는 왜 필요할까요?

　냄새가 없다면 우리는 음식 맛을 느낄 수 없을 거예요. 냄새가 좋은 음식은 맛도 좋게 느껴지지요. 냄새는 우리의 행동과 느낌에도 영향을 미쳐요. 달걀 썩는 냄새를 맡으면 얼굴이 찡그려지지만 고기 굽는 냄새를 맡으면 입안에 침이 가득 고이지요. 만약에 냄새가 없다면 부엌에서 가스가 새거나 불이 난 것을 어떻게 알 수 있을까요? 냄새는 더 큰 불이나 위험을 막을 수 있도록 경고해 주지요. 그리고 냄새를 맡고 질병을 알 수도 있답니다. 이가 썩거나 위장에 탈이 나면 입에서 고약한 냄새가 나지요.

냄새는 어떻게 맡을까요?

우리는 코로 숨을 쉬거나 냄새를 맡지요. 콧속 가장 안쪽에는 냄새를 맡는 특별한 신경이 있답니다. 우리가 어떤 냄새를 맡으면 냄새는 공기와 함께 콧속으로 들어와요. 그러면 신경은 냄새를 뇌로 전해 준답니다. 어떤 냄새가 난다는 것은 뇌가 이미 기억하고 있는 냄새 가운데 하나를 알아냈다는 뜻이에요.

동물들도 냄새를 느낄까요?

동물에게 냄새는 아주 중요하지요. 냄새를 못 맡으면 먹이를 찾을 수도 없고, 적을 피할 수도 없을 거예요. 냄새로 제 몸을 지키는 동물도 있어요. 족제비는 적이 다가오면 고약한 냄새를 뿜어내지요. 또 냄새로 자기 땅을 표시하는 동물도 있어요. 개나 늑대는 오줌을 누어 다른 동물들이 다가오지 못하게 해요.

소리가 없으면 어떻게 될까요?

우리는 소리에 둘러싸여 있어요. 집 안에서는 어떤 소리가 날까요?
숲 속에서는 어떤 소리가 날까요? 길거리에서는 어떤 소리가 날까요?
소리가 없다면 어떤 일이 벌어질까요?

시끄러운 소리는 얼마나 해로울까요?

우리 둘레에는 듣기 좋은 소리도 많지만 건강을 해치는 시끄러운 소리도 많아요. 지나치게 빵빵거리는 자동차 소리, 비행기가 뜨고 내릴 때 나는 소리, 공장에서 나는 기계 소리 들이지요. 시끄러운 소리를 오랫동안 들으면 귀는 점점 소리를 듣는 힘을 잃어버린답니다. 그러니까 너무 시끄러운 소리는 오래 듣지 않도록 해야 해요.

소리가 없다면 어떻게 될까요?

   소리가 없다면 동무랑 얘기도 할 수 없을 거예요. 또 아기가 배가 고파서 울더라도 엄마는 모를 거예요. 자동차가 뒤에서 달려오는데도 아무 소리가 안 난다면 어떻게 될까요? 불자동차나 병원차가 길을 비키라고 경적을 울려도 아무도 못 알아들을 거예요. 이렇게 소리가 없으면 불편한 일도 많고 위험한 일도 많이 생기겠지요? 그래서 우리가 살아가는 데 소리는 꼭 필요해요.

소리는 어떻게 날까요?

사람들은 언제나 소리를 듣고 살아요. 말하는 소리, 바람 부는 소리, 비가 오는 소리, 악기 소리, 자동차 소리……. 그런데 이런 소리는 어떻게 날까요? 소리는 물체가 빠르게 떨면서 공기를 흔들 때 난답니다. 벌이 날 때 붕붕 소리가 나는 것은 날갯짓을 빨리 해서 공기가 떨리기 때문이지요. 그래서 공기가 없는 달에서는 아무리 소리쳐도 소리가 안 난대요.

동물은 어떻게 소리를 들을까요?

소리는 동물에게도 꼭 필요하답니다. 적이 다가오는 소리를 듣고 달아나야 하니까요. 토끼는 커다란 귀로 작은 소리도 알아듣고 달아나지요. 여치나 귀뚜라미는 다리에 사람 귀와 같은 고막기가 있어서 소리를 들을 수 있어요. 박쥐는 어두운 곳에서 살기 때문에 눈이 안 좋아요. 대신 입이나 코로 매우 높은 소리를 내지요. 이것을 초음파라고 해요. 초음파가 먹이의 몸에 부딪혀서 되돌아오면 박쥐는 어디쯤에 어떤 먹이가 있는지 알아낸답니다. 돌고래도 박쥐처럼 초음파를 내지요.

45 눈과 색깔 | 색깔을 갖고 싶어

색깔이 없으면 어떻게 될까요?

우리 둘레는 온갖 색깔로 가득 차 있어요.
우리는 색깔을 어떻게 볼 수 있을까요?
색깔이 없으면 어떻게 될까요?

색깔을 나타내는 우리 말

우리 민족은 옛날부터 색깔을 무척 귀하게 여겼어요.
그래서 색깔을 나타내는 말도 무척 많지요. 빨간 색을 나타내는
말만 해도 빨갛다, 발갛다, 불그스름하다, 불그레하다,
불그죽죽하다처럼 여러 가지예요.

사람은 어떻게 색깔을 이용할까요?

　물체가 눈에 잘 띄도록 하는 데 색깔을 이용해요.
우체통이나 소방차는 선명한 빨간색을 띠고 있어서 먼 곳에서도 잘 보이지요.
길거리에 있는 신호등은 색깔을 이용한 것이에요. 추위나 더위를 피하려고 색깔을 이용하기도 해요.
더운 여름에는 햇빛을 반사시키는 흰 옷을 입으면 시원해요. 추운 겨울에는 햇빛을 흡수하는 검은
옷을 입으면 따뜻하지요.

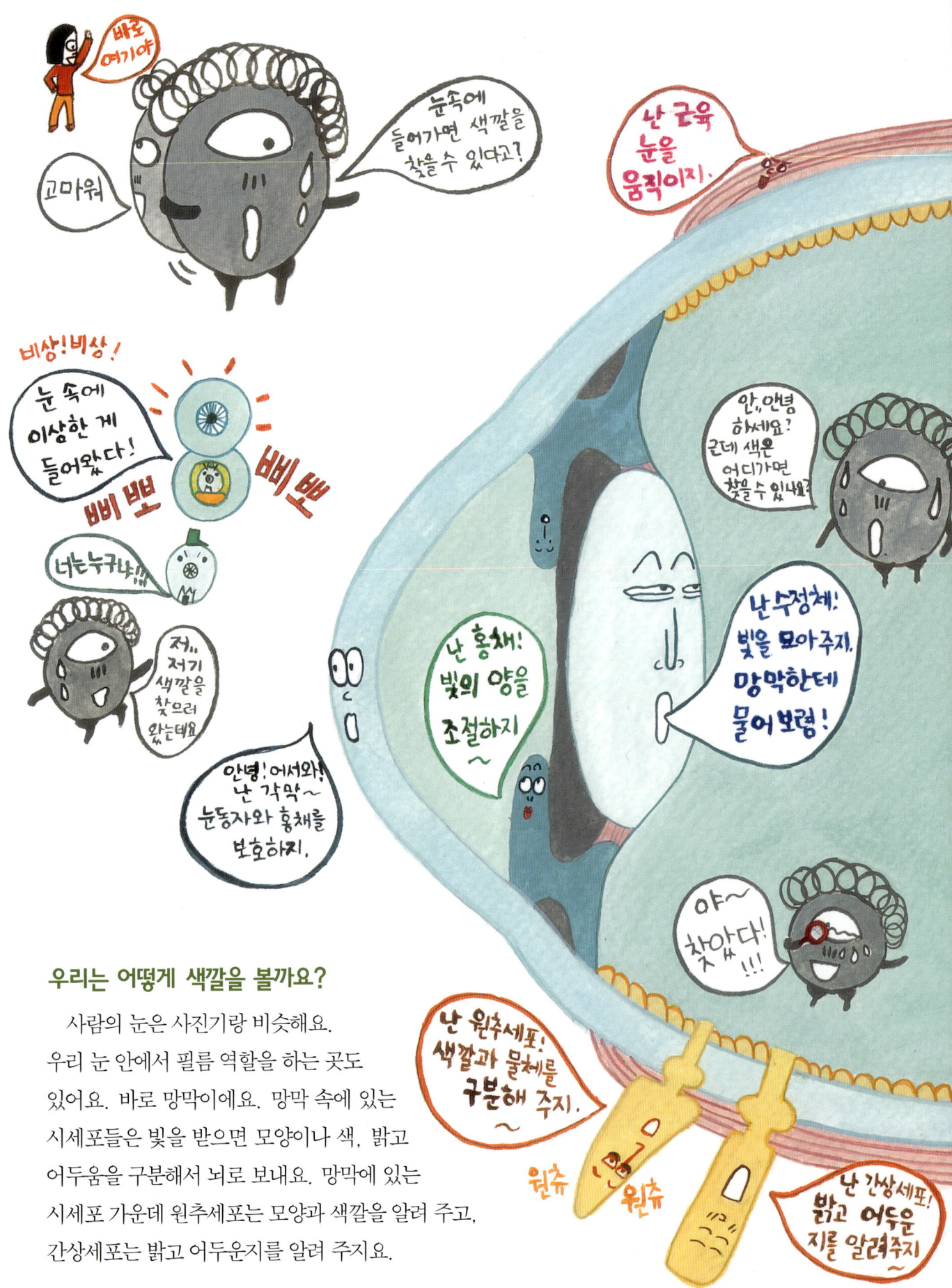

우리는 어떻게 색깔을 볼까요?

　사람의 눈은 사진기랑 비슷해요. 우리 눈 안에서 필름 역할을 하는 곳도 있어요. 바로 망막이에요. 망막 속에 있는 시세포들은 빛을 받으면 모양이나 색, 밝고 어두움을 구분해서 뇌로 보내요. 망막에 있는 시세포 가운데 원추세포는 모양과 색깔을 알려 주고, 간상세포는 밝고 어두운지를 알려 주지요.

식물이나 동물은 어떻게 색깔을 이용할까요?

나뭇잎이 초록색인 것은 나뭇잎 속에 들어 있는 엽록소라는 색소 때문이에요. 엽록소는 햇빛을 받아서 양분을 만들어 내요. 또 꽃은 고운 색깔로 벌과 나비를 불러서 씨를 맺어요. 동물 가운데 납자루 수컷은 짝짓기 철이 되면 몸 색깔을 바꾸고 암컷을 꾀어요. 메뚜기나 사마귀는 몸 색깔을 바꾸어서 적의 눈을 피하지요.

가자, 더불어 사는 세상

사람들은 수천 년 동안 문명을 발달시키고 과학 기술을 발전시켜 왔어요. 과학 기술이 발전하면서 사람 수도 늘어났지요. 그러면서 숲을 깎고 바다를 메우며 새로운 땅을 만들었어요. 더 많은 자원을 찾기 위해 자연을 망가뜨리고 공장에서는 끊임없이 물건을 만들어 내면서 자연을 더럽혀 왔지요. 사람들이 만들어서 쓰고 버린 물건은 쓰레기가 되고 쓰레기는 점점 더 불어나고 있어요. 그 쓰레기 속에는 아직 쓸 만한 것도 많이 있는가 하면 플라스틱처럼 아예 썩지 않는 것도 있어요. 시간이 흐를수록 강이나 바다가 더러워지고, 우리가 숨 쉬는 공기도 점점 나빠지고 있지요.

생태계가 무너지면 자연은 본디 모습으로 되돌아오지 못해요. 이 세상에 공해를 일으키는 건 오직 사람뿐이에요. 그러니까 공해는 그것을 일으킨 사람 손으로 없애야 해요. 그래야 우리 아이들이 건강하고 튼튼하게 자랄 수 있으니까요. 세상은 사람만 사는 곳이 아니에요. 지렁이도 개미도 풀 한 포기도 사람도 모두 함께 더불어 잘 사는 길을 찾아야 모두가 행복하게 살 수 있답니다.

배는 어떻게 발달했을까요?

배는 사람한테 가장 뜻깊은 교통 수단이에요. 땅에서 살던 사람이
바다로 나가게 되었으니까요. 배는 많은 사람과 짐을 싣고 먼 곳으로 데려다 줄 수 있어요.
또 배를 타고 바다에 나가 물고기도 잡을 수 있어요.

배는 어떻게 발달했을까요?

처음에 사람들은 고기를 잡거나 다른 곳으로 옮겨 가기 위해서 통나무를 엮거나 속을 파서 배를 만들었어요. 나무가 귀한 곳에서는 짐승을 잡아서 가죽 주머니에 바람을 넣어 띄웠어요. 대나무나 풀 따위를 엮어서 뗏목을 만들기도 했지요. 그러다가 배에 돛을 달게 되었어요. 사람들은 돛단배를 타고 먼바다로 나갈 수 있었어요. 그다음에 증기 기관이 발명되자 석탄을 때서 배를 움직이게 되었어요. 배는 더 빨라지고 커졌어요. 요즘에는 석유를 연료로 해서 배가 움직여요.

뗏목
통나무를 엮어서 만들어요.

거룻배
돛이 없는 배예요.
짐이나 사람을 실어 나르는 작은 배예요.

돛단배
바람의 힘으로 배를 나아가게 해요.
돛이 바람을 맞으면 바람의 힘이 나무 막대에
전해져서 배가 앞으로 나아가지요.

배는 왜 물에 뜰까요?

물에는 물체를 뜨게 하는 성질이 있어요. 이 성질을 부력이라고 해요. 욕조에 물을 가득 담고 찰흙 덩이를 넣어 보세요. 찰흙 덩이는 곧 가라앉을 거예요. 다시 찰흙으로 넓적한 그릇을 만들어 띄워 보세요. 물 위에 뜰 거예요. 강철로 된 배는 보기에는 무척 무거울 것 같지만 뜨는 원리는 찰흙으로 만든 그릇과 같아요.

화물선
짐을 실어 나르는 배예요.

여객선
사람을 실어 나르는 배예요.

우리 나라에는 어떤 고기잡이배가 있을까요?

우리 나라는 동쪽, 서쪽, 남쪽이 바다로 둘러싸여 있어요. 크고 작은 강이나 시내도 많이 흘러요. 그래서 일찍부터 고기잡이가 발달했어요. 고기를 잡기 좋은 도구와 고기잡이에 알맞은 배를 만들어서 써 왔지요. 어부들은 가까운 곳뿐만 아니라 먼바다까지 나가서 그물이나 낚시로 고기를 잡아 올려요.

문어잡이배
문어는 낚시로 잡아요. 낚싯줄에 미끼를 꿰어서 바닷속 여기저기에 던져 놓아요. 문어가 미끼를 물면 낚싯줄을 살살 잡아당겨서 잡지요.

그물잡이배
배에는 그물이 잔뜩 쌓여 있어요.
긴 그물을 바닷속에 쳐서 고기를 잡지요.
배에 꽂는 깃발은 배에 따라서 색깔이나 모양이 달라요.

멸치잡이배
멸치는 불빛을 보고 모여들어요. 옛날에는 횃불을 켜고
멸치 떼가 몰려들면 그물로 떠 잡았다고 해요.
멸치를 잡으면 바로 소금물에 삶아서 상자에 담아요.

오징어잡이배
오징어는 밤이 되면 바다 위로 올라와요. 오징어는
불빛을 보고 모여드는 성질이 있어요. 그래서 배에는
오징어를 꿰는 등이 줄줄이 달려 있지요.

잠수배
잠수부들이 타는 작은 배예요. 멍게나 해삼 전복 따위를 캐요.
배 위에서 잠수부에게 호스로 산소를 보내 주어요.
배 끝에는 검정 깃발을 달아서 멀리서도 금방 알아볼 수 있어요.

47 쓰레기 공해 | 아직 쓸 만한걸

왜 쓰레기가 늘어날까요?

옛날에는 쓰레기가 많지 않았어요. 그런데 날이 갈수록 쓰레기가 많아져요.
멀쩡한 물건도 버리고, 음식도 먹다 버리고, 한 번만 쓰고 버리는 물건도 많기 때문이에요.
우리가 버리는 쓰레기는 어디로 갈까요? 쓰레기를 줄이려면 어떻게 해야 할까요?

옛날에는 쓰레기를 어떻게 했을까요?

옛날에는 음식 쓰레기가 없었어요. 사람이 먹고 남은 음식 찌꺼기는 집짐승이 먹었어요. 음식 찌꺼기뿐만이 아니에요. 설거지를 하고 생긴 구정물도 안 버리고 소나 돼지에게 주었어요. 또 똥이나 오줌은 잘 삭혀서 거름으로 썼어요. 나무를 태우고 남은 재도 거름으로 썼어요. 옷이나 신발도 함부로 안 버렸어요. 새 옷이 생기면 아껴서 입다가 낡으면 기워서 입었어요.

왜 쓰레기가 많이 생길까요?

사람들이 물건을 함부로 버려서 쓰레기가 자꾸 생겨요. 옷이 낡으면 기워 입지 않고, 입기 싫다고 그냥 버려요. 새 물건을 사려고 멀쩡한 물건도 버리지요. 아예 한 번만 쓰고 버리는 물건도 많아요. 이런 물건들은 땅에 묻어도 잘 안 썩어요. 태워도 찌꺼기가 많이 남고 공기도 더럽히지요. 잘 안 썩는 물건을 계속 만들고 자꾸 버리니까 쓰레기가 더 많아져요.

쓰레기가 얼마나 많이 나올까요?

우리 나라에서는 한 사람이 쓰레기를 하루에 1.8킬로그램이나 버려요. 이 가운데 땅에 파묻히는 쓰레기는 4톤 트럭으로 2만 대나 돼요. 그러면 여의도에 있는 63빌딩만 한 쓰레기 산이 하루에 40개씩 만들어지는 셈이지요. 이러다가는 온 나라가 쓰레기로 뒤덮일지도 몰라요.

쓰레기는 얼마 만에 썩을까요?

쓰레기가 땅에 묻히면 얼마 만에 썩을까요? 음식 찌꺼기나 과일 껍질은 적어도 보름이 지나야 썩어요. 종이컵은 20년은 지나야 썩어요. 알루미늄 접시가 썩으려면 50년이나 걸려요. 플라스틱 음료수 병은 100년, 우유 곽은 200년이 지나야 썩지요. 스티로폼 그릇은 500년이 지나도 썩을 둥 말 둥 하답니다. 우리는 몇백 년 뒤에 태어날 후손들에게 쓰레기를 남겨 주고 있는 셈이에요.

쓰레기는 어떻게 줄일까요?

쓰레기를 줄이는 첫걸음은 아껴 쓰고 다시 쓰는 것이에요. 음식은 남김 없이 먹고, 헌 옷은 이웃과 서로 바꾸고, 고장난 물건은 고쳐서 써요. 또 한 번 쓰고 버릴 물건은 안 써야 해요. 나무젓가락이나 플라스틱 숟가락이나 종이컵 같은 물건을 자꾸 쓰면 쓰레기를 감당할 수가 없어요. 장에 갈 때에도 비닐봉지 대신에 장바구니나 보자기를 쓰면 돼요. 장난감이나 과자도 쓸데없는 겉 포장은 줄여야 해요.

쓰레기는 어떻게 버려야 할까요?

쓰레기를 버릴 때는 다시 쓸 수 있는 것과 못 쓰는 것을 꼭 나누어서 버려야 해요. 종이는 종이대로, 유리병은 유리병대로 모아야 다시 쓸 수 있어요. 종이를 만들어 내려면 나무를 심고 나서 30년이나 기다려야 해요. 신문지만 1년 동안 모아도 아름드리 나무 한 그루를 살릴 수 있어요. 또 해마다 남의 나라에서 돈을 주고 폐지를 안 사 와도 쓸 종이를 만들어 낼 수 있어요.

공해가 생기면 자연은 어떻게 될까요?

공장에서는 사람한테 필요한 물건을 많이 만들어 내요. 하지만 해로운 연기나 더러운 물도 내보내요. 나쁜 공기나 더러운 물은 식물이나 동물을 병들게 하고 사람도 병들게 해요. 공해는 우리에게 어떤 해를 끼칠까요?

공장은 물을 어떻게 더럽힐까요?

공장에서는 납이나 수은 같은 여러 가지 중금속과 화학 물질을 많이 써요. 납이나 수은은 우리 몸에 들어가면 오줌이나 똥으로 나오지 않고 몸속에 쌓여서 큰 병을 일으켜요. 그래서 공장에서 쓴 물을 내보낼 때에는 잘 걸러서 깨끗하게 한 다음 내보내야 해요. 공장에서 나오는 기름 찌꺼기나 쓰레기도 공해를 크게 일으키지요. 이런 것을 함부로 버리면 강물도 바닷물도 아주 더러워진답니다.

매연 때문에 숨 쉬기가 힘들어요.

공장은 공기를 어떻게 더럽힐까요?

공장에서 내뿜는 매연에는 해로운 물질이 많이 들어 있어요. 자동차를 몰 때나 집에서 석유나 석탄을 쓸 때도 생겨요. 이런 것들이 바람을 타고 공기 중에 퍼지면 산성비가 되어요. 산성비는 땅을 더럽히고 사람과 동물에게 다 해로워요. 또 지구의 날씨가 점점 따뜻해지는 것도 공기가 오염되기 때문이지요.

공장 둘레에 있는 나무가 말라 죽었어요.

공장에서 흘러나온 더러운 물 때문에 물고기들이 죽었어요.

공해 때문에 피부병이 생겼어요.

공해가 생기면 어떻게 될까요?

매연이나 더러운 물이 강물이나 바다에 가면 물고기가 살 수 없어요. 식물도 시들시들 죽어 가요. 사람도 피부병이나 여러 가지 병을 앓아요. 맑은 물과 깨끗한 공기가 없으면 누구도 살 수 없어요. 자연을 더럽히는 것은 쉽지만 다시 깨끗하게 되돌리는 것은 아주 힘이 들어요. 그러니까 우리가 살고 있는 땅이 더 더러워지기 전에 잘 지켜야 해요.

공장에서 나오는 해로운 것들이에요.

공장이 많으면 모두 잘 살게 될까요?

옛날에는 집집마다 필요한 물건을 만들어 썼어요. 물건 하나하나를 정성껏 만들다 보니 시간이나 품도 많이 들어갔지요. 그렇게 만든 물건은 이웃끼리 바꿔 쓰거나 나누어 썼어요. 그런데 기술이 발달하면서 사람들은 큰 공장에서 물건을 한꺼번에 많이 만들기 시작했어요. 사람들은 예전보다 편해졌어요. 하지만 자원은 자꾸 줄고 환경은 점점 나빠지고 있어요. 우리는 더 잘 살게 된 걸까요?

신발은 어떻게 만들어질까요?

　신발 한 켤레를 만들기 위해서는 고무와 짐승 가죽이 있어야 해요. 그것을 공장까지 운반하려면 석유가 있어야 해요. 배나 자동차, 비행기는 석유의 힘으로 움직이니까요. 공장에서는 신발을 만들면서 매연이랑 더러운 물을 내보내요. 신발을 아껴 신지 않고 자꾸 새로 사면 어떻게 될까요? 자연이 더러워지고 자원이 줄어들어 우리도 살기 힘들어질 거예요.

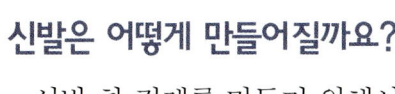

왜 물이 점점 더러워질까요?

날이 갈수록 시냇물도 강물도 더러워지고 있어요. 왜 물이 더러워질까요?
물이 더러워지면 물고기가 살기 어려워요. 물에 사는 동물이나 사람도 살기 힘들어지지요.
물은 어떻게 더러워질까요? 물을 다시 깨끗하게 하려면 어떻게 해야 할까요?

공장에서는 물을 어떻게 더럽힐까요?

공장에서 나오는 물에는 몸에 해로운 화학 약품이 많이 들어 있어요. 그래서 공장에서 쓴 물을 내보낼 때에는 잘 걸러서 내보내야 해요. 더러운 물이나 기름을 그냥 내보내면 강물이 몹시 더러워지지요. 강에서 흘러내려 간 물은 바다도 더럽혀요. 또 배에서 나온 기름이랑 쓰레기도 바다를 더럽히지요. 이러다가는 바닷속 생물들도 살 수 없게 될 거예요.

얼만큼 물을 써야 깨끗해질까요?

집에서는 어떻게 물을 더럽힐까요?

머리를 감거나 설거지를 하거나 빨래를 할 때 쓰는 비누나 샴푸는 석유에서 원료를 뽑아서 만들어요. 치약도 마찬가지예요. 이런 세제는 개울이나 강으로 흘러들어 가서 물을 더럽히지요. 무심코 버리는 음식물 찌꺼기도 물을 더럽혀요.

농약은 어떻게 물을 더럽힐까요?

농약에도 병을 일으키는 해로운 물질이 많이 들어 있어요. 논이나 밭에 농약을 치면 땅속으로 스며들어서 지하수를 더럽히고 개울로 흘러들어 가서 개울물이나 강물을 더럽혀요. 물고기나 짐승이 농약으로 더러워진 물을 먹으면 몸속에 농약이 그대로 남아 있게 돼요. 사람도 농약에 오염된 물고기를 먹으면 몸속에 농약이 그대로 들어오게 되지요. 그러면 병에 걸리기 쉬워요.

물을 깨끗이 하려면 어떻게 해야 할까요?

물은 한번 더러워지면 쉽게 깨끗해지지 않아요. 그러니까 먼저 물을 더럽히지 말아야 해요. 또 아껴 써야 하지요. 공장에서 나온 더러운 물은 잘 걸러서 내보내야 해요. 집에서는 샴푸나 합성 세제 대신 비누로 머리를 감거나 천연 세제를 써야 해요. 아예 합성 세제를 못 만들게 하는 나라도 있답니다. 농사를 지을 때도 농약을 덜 쳐야 하지요. 이렇게 한 사람 한 사람이 힘을 모아 물을 깨끗이 해야 돼요. 그래야 버들치가 헤엄쳐 다니는 깨끗한 물을 마시면서 사는 날이 올 거예요.

물이 깨끗한지 어떻게 알까요?

물이 얼마나 깨끗한지는 물속에 사는 물고기를 보면 알 수 있어요.
버들치는 아주 맑은 물에서만 사는 물고기예요. 그래서 버들치가 살고 있는 물은 마음놓고 마실 수 있어요. 갈겨니도 맑은 물에서 살아요. 피라미나 붕어는 물이 많이 더러워져도 살아남지요. 그런데 날이 갈수록 물이 점점 더러워지고 있어요. 요즘은 어떤 물고기도 살 수 없는 강이 많아요.

맑은 물에서만 살아요

버들치　　　　　**쉬리**　　　　　**금강모치**

덜 맑은 물에서도 살아요

갈겨니　　　　　**납자루**　　　　　**밀어**

더러운 물에서도 살아요

붕어　　　　　**얼룩동사리**　　　　　**참붕어**

울타리는 어떻게 생겨났을까요?

우리 둘레에는 울타리가 참 많아요. 꼭 필요한 울타리도 있지만, 필요 없는 울타리도 많아요. 처음에는 함께 잘 살기 위해서 만들어 놓은 울타리가 점점 사람과 사람을, 나라와 나라를 갈라놓았어요. 우리가 없애야 할 울타리는 어떤 것일까요?

우리를 에워싸고 있는 울타리

우리 나라에는 수원성처럼 높은 성벽이 많아요. 중국에는 만리장성이라고 하는 긴 성벽이 있어요. 만리장성은 멀리 달나라에서도 보여요.

왜 울타리를 집집마다 마을마다 나라마다 둘러치게 되었을까요?

울타리는 왜 치게 되었을까요?

아주 먼 옛날에는 사람도 짐승처럼 배가 고프면 나무 열매나 뿌리를 먹고, 잠이 오면 나무 위나 동굴 속에서 잠을 잤어요. 그러다가 농사짓는 법도 익히고 짐승 기르는 법도 알아냈어요. 그러다 보니 양식이나 집짐승을 다른 들짐승들이 잡아먹지 못하게 지켜야 했어요. 또 기르는 짐승이 달아나지 못하게 하거나 사나운 짐승이 사람을 해치지 못하게 울타리를 치게 되었어요.

왜 울타리가 늘었을까요?

사람들이 지켜야 할 것이 점점 많아졌어요. 함께 모여서 일을 하니까 혼자서 일할 때보다 먹을 것도 입을 것도 쓸 것도 많이 남았어요. 사람들은 남는 것에서 자기 것을 챙기기 시작했지요. 이제는 함께 먹고살려고 양식이나 짐승을 지킬 뿐 아니라, 자기 것을 지키기 위해서 울타리를 치게 되었답니다. 또 남의 나라에 들어가서 곡식이나 물건을 빼앗는 전쟁이 자주 일어났기 때문에 나라마다 튼튼한 성벽을 쌓기도 했지요.

울타리 때문에 어떤 일이 생겼을까요?

우리 조상들은 함께 일하고 함께 노는 생활이 몸에 배어 있었어요. 좋은 일이 생기면 서로 기뻐해 주고 궂은일이 생기면 이웃끼리 마을끼리 힘을 모아서 도와주었지요. 돌담이나 흙담은 낮아서 사람들 사이를 가로막지 않았어요. 그런데 요즘은 집집마다 높은 울타리를 쳐서 이웃끼리 얼굴도 모르고 지내요. 또 곳곳에 울타리를 쳐 놓아서 마음놓고 산을 오르내리거나 바다에 들어갈 수도 없게 되었어요.

어떤 울타리를 없애야 할까요?

우리 나라도 울타리 때문에 반으로 갈라진 나라예요. 교통이 발달하면서 이제 지구에 있는 어느 나라든지 갈 수 있게 되었어요. 그런데 우리 나라 땅에 쳐진 울타리는 50년이 넘도록 한 나라 한 동포들을 서로 만날 수 없게 만들었답니다. 그뿐 아니라 한 형제끼리, 부모 자식끼리도 서로 원수처럼 여기게 만들었지요. 이렇게 같은 민족끼리 억지로 갈라져 사는 나라는 우리 나라밖에 없어요. 독일도 반으로 갈라져 있다가 울타리를 없애고 통일이 되었답니다. 우리도 하루빨리 분단의 울타리를 없애야 해요.

독일은 1989년에 베를린 장벽을 없애고 통일을 이루었어요.

휴전선은 우리가 없애야 할 울타리예요.

부록 초등 교과서에서 찾아보기

가자, 놀라운 곤충 세계

1권 나랑 같이 놀자
곤충은 어떻게 이야기를 나눌까요?
5-2 과학 1. 환경과 생물

2권 너는 누구니
나비는 어떻게 깨어날까요?
1-1 즐거운 생활 2. 봄이 왔어요
3-1 과학 3. 동물의 한살이
5-1 과학 9. 작은 생물
5-2 과학 1. 환경과 생물

3권 벌레들아 도와줘
어떤 벌레가 농사를 도와줄까요?
5-1 과학 9. 작은 생물
5-2 과학 1. 환경과 생물

4권 야 잘 한다
곤충들은 어떤 재주가 있을까요?
5-2 과학 1. 환경과 생물

5권 에이 또 놓쳤다
곤충은 어떻게 제 몸을 지킬까요?
5-2 과학 1. 환경과 생물

6권 꼭꼭 숨어라
곤충은 어떻게 흉내를 낼까요?
5-2 과학 1. 환경과 생물

7권 이것 좀 먹어 봐
곤충은 무엇을 먹고 살까요?
3-2 과학 2. 동물의 세계
5-2 과학 1. 환경과 생물

8권 다시 살아난 찌르
곤충은 어떻게 자손을 남길까요?
3-1 과학 3. 동물의 한살이
5-2 과학 1. 환경과 생물

가자, 신기한 식물 세계

9권 모두가 기른 벼
벼농사는 어떻게 지을까요?
1-1 슬기로운 생활 2. 봄이 왔어요
1-2 슬기로운 생활 4. 가을의 산과 들
2-1 슬기로운 생활 7. 동물과 식물은 내 친구
2-2 즐거운 생활 4. 열매 맺는 가을
4-1 과학 3. 식물이 한살이
5-2 과학 3. 열매

10권 아하 보리였구나
보리는 어떻게 자라날까요?
1-1 슬기로운 생활 2. 봄이 왔어요
1-2 슬기로운 생활 4. 가을의 산과 들
2-1 슬기로운 생활 7. 동물과 식물은 내 친구
4-1 과학 3. 식물이 한살이
5-2 과학 3. 열매

11권 콩으로 만든 거야
콩으로 무엇을 만들까요?
1-1 생활의 길잡이 3. 가족은 소중해요
2-1 슬기로운 생활 7. 동물과 식물은 내 친구
5-2 과학 3. 열매

12권 야 맛있는 채소다
우리는 어떤 채소를 먹을까요?
1-1 슬기로운 생활 5. 자연과 함께해요
1-1 생활의 길잡이 3. 가족은 소중해요
2-1 슬기로운 생활 7. 동물과 식물은 내 친구
5-2 과학 3. 열매

13권 과일 나라 도깨비
우리는 어떤 과일을 먹을까요?
1-1 슬기로운 생활 4. 건강하게 생활해요
1-1 슬기로운 생활 5. 자연과 함께해요
1-2 슬기로운 생활 4. 가을의 산과 들
2-1 슬기로운 생활 7. 동물과 식물은 내 친구
5-2 과학 3. 열매

14권 내가 낫게 해 줄게
약초는 어떻게 쓰일까요?
1-1 슬기로운 생활 5. 자연과 함께해요

15권 숲이 살아났어요
식물이 없으면 어떻게 될까요?

5-2 과학 1. 환경과 생물
5-2 과학 3. 열매
6-1 과학 4. 생태계와 환경

16권 우리는 모두 한 몸이야
뿌리와 줄기와 잎과 꽃은 어떤 일을 할까요?

2-2 슬기로운 생활 1. 낮과 밤이 달라요
2-2 슬기로운 생활 2. 그림자와 친구해요
4-1 과학 3. 식물이 한살이
4-2 과학 1. 식물의 세계
5-1 과학 5. 꽃
5-1 과학 7. 식물의 잎이 하는 일
5-2 과학 3. 열매

17권 꼬꼬 아줌마네 꽃밭
식물은 어떻게 운동을 할까요?

1-1 즐거운 생활 5. 흔들흔들
2-2 슬기로운 생활 1. 낮과 밤이 달라요
2-2 슬기로운 생활 2. 그림자와 친구해요
4-2 과학 1. 식물의 세계
5-1 과학 5. 꽃
5-1 과학 7. 식물의 잎이 하는 일
5-2 과학 1. 환경과 생물

18권 씨야 씨야 퍼져라
식물은 어떻게 씨를 퍼뜨릴까요?

4-1 과학 3. 식물이 한살이
4-2 과학 1. 식물의 세계
5-2 과학 1. 환경과 생물
5-2 과학 3. 열매

가자, 재미있는 동물 세계

19권 모두 꼭 맞아요
동물은 다 생김새가 달라요

3-2 과학 2. 동물의 세계
5-2 과학 1. 환경과 생물

20권 누가 누가 더 크나
동물들은 왜 크기가 다를까요?

1-1 즐거운 생활 4. 누구를 만날까요?
3-2 과학 2. 동물의 세계
5-2 과학 1. 환경과 생물

21권 나는 잠만 잤는걸
동물들은 어떻게 겨울을 날까요?

1-2 슬기로운 생활 6. 우리의 겨울맞이
5-2 과학 1. 환경과 생물

22권 알을 어디에 숨기지
동물은 어디에 알을 낳을까요?

3-1 과학 3. 동물의 한살이
5-2 과학 1. 환경과 생물

23권 더 깊이 가 보자
바닷속에는 무엇이 살까요?

3-2 과학 2. 동물의 세계

24권 우리는 돕고 살아
바다 동물은 어떻게 서로 도울까요?

3-2 과학 2. 동물의 세계
5-2 과학 1. 환경과 생물

25권 나도 쓸모가 있어
집짐승은 어떤 일을 할까요?

2-1 슬기로운 생활 7. 동물과 식물은 내 친구
3-2 과학 2. 동물의 세계

26권 재주 많은 물고기
바다 동물들은 어떻게 제 몸을 지킬까요?

5-2 과학 1. 환경과 생물

27권 어떻게 달아나지
동물은 어떻게 제 몸을 지킬까요?

5-2 과학 1. 환경과 생물

28권 내가 누구게
올챙이가 어떻게 개구리로 자랄까요?

1-1 즐거운 생활 2. 봄이 왔어요
3-1 과학 3. 동물의 한살이

29권 무당거미 알록이
거미는 어떻게 살아갈까요?

3-1 과학 3. 동물의 한살이
3-2 과학 2. 동물의 세계
5-1 과학 9. 작은 생물

30권 내 알이 아니야
동물은 어떻게 자손을 남길까요?
3-1 과학 3. 동물의 한살이
5-2 과학 1. 환경과 생물

31권 나 안 먹을래
동물은 무엇을 먹고 살까요?
2-2 슬기로운 생활 1. 낮과 밤이 달라요
3-2 과학 2. 동물의 세계
5-2 과학 1. 환경과 생물

32권 누구 발자국일까
들짐승은 어떤 발자국을 남길까요?
3-2 과학 2. 동물의 세계

33권 맨발이 더 좋아
동물들은 발이 어떻게 생겼을까요?
3-2 과학 2. 동물의 세계
5-2 과학 1. 환경과 생물

34권 나무 의사 딱따구리
딱따구리는 어떻게 구멍을 팔까요?
1-2 슬기로운 생활 6. 우리의 겨울맞이
5-2 과학 1. 환경과 생물

35권 꼭 가야 하니
우리 나라에 사는 철새와 텃새
1-1 슬기로운 생활 5. 자연과 함께해요
5-2 과학 1. 환경과 생물

가자, 고마운 자연 세계

36권 아기물방울의 여행
물은 어디에서 와서 어디로 갈까요?
3-1 과학 4. 날씨와 우리 생활
3-2 과학 1. 액체와 기체의 부피
3학년 체육 4. 표현 활동
4-1 과학 4. 모습을 바꾸는 물
5-1 과학 8. 물의 여행
5-2 과학 1. 환경과 생물

37권 잠꾸러기 불도깨비
지구는 언제 생겨났을까요?
4-1 과학 2. 지표의 변화
4-2 과학 2. 지층과 화석
4-2 과학 4. 화산과 지진
5-2 과학 8. 에너지
6-1 과학 1. 빛

38권 고마워 바람아
바람은 어떤 일을 할까요?
1-2 즐거운 생활 6. 흐름결을 느껴요
3-1 과학 4. 날씨와 우리 생활
5-1 과학 3. 기온과 바람

39권 내 꿀을 돌려줘
먹이 사슬이란 무엇일까요?
2-2 바른 생활 7. 생명의 소중함
2-2 생활의 길잡이 7. 생명의 소중함
3-2 도덕 4. 생명을 존중해요
3-2 생활의 길잡이 4. 생명을 존중해요
4-2 도덕 4. 우리가 지키는 푸른 별
4-2 생활의 길잡이 4. 우리가 지키는 푸른 별
5-2 과학 1. 환경과 생물
6-1 과학 4. 생태계와 환경

40권 아기가 태어났어요
아기는 어떻게 태어날까요?
2-2 바른 생활 7. 생명의 소중함
2-2 생활의 길잡이 7. 생명의 소중함
3-1 과학 3. 동물의 한살이
3-2 도덕 4. 생명을 존중해요
3-2 생활의 길잡이 4. 생명을 존중해요

가자, 신비한 감각 세계

41권 울퉁불퉁 매끌매끌
우리는 살갗으로 무엇을 느낄까요?
1-1 슬기로운 생활 4. 건강하게 생활해요
1-2 슬기로운 생활 1. 나의 몸
3-2 과학 4. 빛과 그림자
3학년 체육 1. 건강 활동

42권 매운 꿀은 없나요?
우리는 어떤 맛을 느낄까요?
1-2 슬기로운 생활 1. 나의 몸
3-2 과학 3. 혼합물의 분리
3학년 체육 1. 건강 활동

43권 킁킁 무슨 냄새지
냄새로 무엇을 알아낼까요?
1-2 슬기로운 생활 1. 나의 몸
3학년 체육 1. 건강 활동

44권 아이고 시끄러워
소리가 없으면 어떻게 될까요?
1-2 슬기로운 생활 1. 나의 몸
1-2 즐거운 생활 6. 흐름결을 느껴요
2-1 즐거운 생활 1. 소리 축제
2-1 슬기로운 생활 3. 귀를 기울여요
2-2 즐거운 생활 5. 낙엽 소리
3학년 음악 21. 음악이랑 생활이랑

45권 색깔을 갖고 싶어
색깔이 없으면 어떻게 될까요?
1-1 즐거운 생활 6. 와! 여름이다
1-2 슬기로운 생활 1. 나의 몸
2-1 즐거운 생활 5. 함께 사는 우리
2-2 바른 생활 6. 지키면 안전해요
2-2 생활의 길잡이 6. 지키면 안전해요
3, 4학년 미술 1. 형과 색

가자, 더불어 사는 세상

46권 어떻게 건너지
배는 어떻게 발달했을까요?
2-2 슬기로운 생활 4. 물건도 여행을 해요
3-2 사회 2. 이동과 의사소통

47권 아직 쓸 만한걸
왜 쓰레기가 늘어날까요?
1-2 생활의 길잡이 5. 환경이 웃어요
2-1 바른 생활 8. 아껴 쓰고 제자리에
2-1 생활의 길잡이 8. 아껴 쓰고 제자리에
3-1 사회 3. 고장의 생활과 변화
4-1 과학 2. 지표의 변화

4-2 도덕 4. 우리가 지키는 푸른 별
4-2 생활의 길잡이 4. 우리가 지키는 푸른 별
6-1 과학 4. 생태계와 환경
6-1 사회 3. 환경을 생각하는 국토 가꾸기

48권 이런 공장은 싫어
공해가 생기면 자연은 어떻게 되나요?
2-2 슬기로운 생활 4. 물건도 여행을 해요
2-2 바른 생활 7. 생명의 소중함
2-2 생활의 길잡이 7. 생명의 소중함
3-2 도덕 4. 생명을 존중해요
3-2 생활의 길잡이 4. 생명을 존중해요
4-2 사회 2. 여러 지역의 생활
4-2 도덕 4. 우리가 지키는 푸른 별
4-2 생활의 길잡이 4. 우리가 지키는 푸른 별
6-1 과학 4. 생태계와 환경
6-1 사회 3. 환경을 생각하는 국토 가꾸기

49권 더러운 물 때문이야
왜 물이 점점 더러워질까요?
2-2 바른 생활 7. 생명의 소중함
2-2 생활의 길잡이 7. 생명의 소중함
3-2 도덕 4. 생명을 존중해요
3-2 생활의 길잡이 4. 생명을 존중해요
4-2 사회 2. 여러 지역의 생활
4-2 도덕 4. 우리가 지키는 푸른 별
4-2 생활의 길잡이 4. 우리가 지키는 푸른 별
6-1 과학 4. 생태계와 환경
6-1 사회 3. 환경을 생각하는 국토 가꾸기

50권 울타리를 없애야 해
울타리는 어떻게 생겨났을까요?
2-1 슬기로운 생활 4. 사이좋은 이웃
2-1 즐거운 생활 5. 함께 사는 우리
2-2 바른 생활 4. 통일을 향해서
2-2 생활이 길잡이 4. 통일을 향해서
3-2 도덕 3. 함께 어울려 살아요
3-2 도덕 5. 우리는 하나가 되고 싶어요
3-2 생활의 길잡이 3. 함께 어울려 살아요
3-2 생활의 길잡이 5. 우리는 하나가 되고 싶어요
4-2 도덕 5. 하나 된 나라 평화로운 세상
4-2 생활의 길잡이 5. 하나 된 나라 평화로운 세상

오랫동안 사랑받은 과학 그림책의 고전, 주제별로 묶은 〈달팽이 과학동화〉 열 세트

가자, 놀라운 곤충 세계 ①
- 01 곤충의 신호 | 나랑 같이 놀자
- 02 나비의 한살이 | 너는 누구니
- 03 이로운 곤충 | 벌레들아 도와줘
- 04 곤충의 재주 | 야 잘 한다

가자, 놀라운 곤충 세계 ②
- 05 곤충의 자기 보호 | 에이 또 놓쳤다
- 06 곤충의 보호색 | 꼭꼭 숨어라
- 07 곤충의 먹이 | 이것 좀 먹어 봐
- 08 곤충의 한살이 | 다시 살아난 찌르

가자, 신기한 식물 세계 ①
- 09 벼농사 | 모두가 기른 벼
- 10 보리의 한살이 | 아하 보리였구나
- 11 콩의 쓰임새 | 콩으로 만든 거야
- 12 몸에 좋은 채소 | 야 맛있는 채소다
- 13 맛있는 과일 | 과일 나라 도깨비

가자, 신기한 식물 세계 ②
- 14 약이 되는 식물 | 내가 낫게 해 줄게
- 15 식물이 하는 일 | 숲이 살아났어요
- 16 뿌리와 줄기와 잎과 꽃 | 우리는 모두 한 몸이야
- 17 식물의 운동 | 꼬꼬 아줌마네 꽃밭
- 18 식물의 번식 | 씨야 씨야 퍼져라

가자, 재미있는 동물 세계 ①
- 19 동물의 생김새 | 모두 꼭 맞아요
- 20 동물의 크기 | 누가 누가 더 크나
- 21 동물의 겨울잠 | 나는 잠만 잤는걸
- 22 동물의 알 보호 | 알을 어디에 숨기지
- 23 바다 깊이와 동물 | 더 깊이 가 보자
- 24 바다 동물의 공생 | 우리는 돕고 살아

가자, 재미있는 동물 세계 ②
- 25 집짐승이 하는 일 | 나도 쓸모가 있어
- 26 바다 동물의 자기 보호 | 재주 많은 물고기
- 27 동물의 자기 보호 | 어떻게 달아나지
- 28 개구리의 한살이 | 내가 누구게
- 29 거미의 생태 | 무당거미 알록이
- 30 알과 새끼 | 내 알이 아니야

가자, 재미있는 동물 세계 ③
- 31 동물의 먹이 | 나 안 먹을래
- 32 들짐승 발자국 | 누구 발자국일까
- 33 동물의 발 | 맨발이 더 좋아
- 34 딱따구리의 생태 | 나무 의사 딱따구리
- 35 철새와 텃새 | 꼭 가야 하니

가자, 고마운 자연 세계
- 36 물의 순환 | 아기물방울의 여행
- 37 지구의 역사 | 잠꾸러기 불도깨비
- 38 바람이 하는 일 | 고마워 바람아
- 39 먹이 사슬 | 내 꿀을 돌려줘
- 40 생명의 탄생 | 아기가 태어났어요

가자, 신비한 감각 세계
- 41 살갗과 느낌 | 울퉁불퉁 매끌매끌
- 42 혀와 맛 | 매운 꿀은 없나요
- 43 코와 냄새 | 킁킁 무슨 냄새지
- 44 귀와 소리 | 아이고 시끄러워
- 45 눈과 색깔 | 색깔을 갖고 싶어

가자, 더불어 사는 세상
- 46 배의 역사 | 어떻게 건너지
- 47 쓰레기 공해 | 아직 쓸 만한걸
- 48 공해 | 이런 공장은 싫어
- 49 물의 오염 | 더러운 물 때문이야
- 50 함께 사는 세상 | 울타리를 없애야 해